LE SALON DES PETITES VERTUS

DU MÊME AUTEUR

Chez le même éditeur

La Lionne du boulevard, 1984
Un homme fatal, 1987
L'Absent, 1991
Fanny Stevenson, 1993
Artemisia, 1998

ALEXANDRA LAPIERRE

LE SALON DES PETITES VERTUS

Portraits cruels à la lumière de Rome

ROBERT LAFFONT

Copyright des illustrations :
page 11 : Gravure de Jean-Jacques Lequeu, École française, B.N.F., Paris.
pages 27-81-119-155-199 : Gravure de Nicolas Guérard (détail), XVIIe siècle, B.N.F., Paris.
page 243 : Gravure de Nicolas Guérard, XVIIe siècle, B.N.F., Paris.

© Éditions Robert Laffont, S.A., Paris, 2000
ISBN 2-221-09171-X

Lecteur qui croirais te reconnaître,
Sache que tu te trompes :
Ce portrait est celui de ton voisin...

« Après *Les Diaboliques, Les Célestes*
... si on trouve du bleu assez pur...
Mais y en a-t-il ? »

Jules Barbey d'Aurevilly
Préface de la première édition des *Diaboliques*

À la pureté
du firmament romain

Prologue
TERRASSES ET PLACARDS

Il était une fois une ville dont les dieux avaient décidé qu'elle serait éternelle. On y vivait, à la fin du second millénaire, comme on y avait toujours vécu.

Un petit groupe de personnages, le même depuis la nuit des temps, se recevait dans les palais de leurs ancêtres où les étrangers trouvaient bon accueil, pourvu qu'ils présentent bien, tant par le physique que par l'esprit. Les nombreux voyageurs français qui visitaient la ville se disaient séduits par la courtoisie de cette société qui gardait, selon eux, trente ans de retard — que dis-je, trente ? Cinquante ans de retard sur toutes les sociétés européennes ! —, et réussissait, en refusant la marche du siècle, à préserver les *vraies valeurs*. L'une de ces valeurs n'était autre que la langue française, que les Romains, quand ils appartenaient à l'oligarchie, connaissaient à la perfection. Ils envoyaient leurs enfants à l'institution Saint-Dominique ou au lycée Chateaubriand, et leur faisaient donner l'enseignement qu'eux-mêmes avaient reçu de leurs parents, au temps où le génie français régnait en maître. Ils n'étaient pas dupes, bien sûr, du caractère suranné de ce génie français, mais ils en usaient avec la distance et l'ironie nécessaires.

Pour ces aristocrates ou ces grands bourgeois, la France contemporaine restait une entité sinon virtuelle, du moins limitée à un quartier de Paris, le faubourg Saint-Germain. Ils le pratiquaient beaucoup. Ils y louaient — quelquefois même ils y acquéraient — un pied-à-terre de cinquante mètres carrés entre la rue Bonaparte et la rue de Seine. Lors de leurs fréquents séjours, ils visitaient les nouvelles expositions — sans faire la queue : ils cotisaient comme membres bienfaiteurs à la Société des amis du Louvre —, et lisaient les articles culturels du *Monde*. Nul n'était mieux informé de la date des remises de prix littéraires, des changements d'éditeurs à la tête des vieilles maisons. Ils en connaissaient personnellement les directeurs de collection, auxquels ils avaient ouvert leurs palais de Rome ou leurs villas dans les Castelli romani, leur donnant le sentiment d'avoir vu ce que nul ne peut voir. Les coulisses de Gallimard et de Grasset leur rendaient la pareille, en leur livrant complaisamment tous les secrets de la rive gauche. Ils vivaient donc à Paris comme personne n'y vit plus, en enviant à la France ses écrivains et ses intellectuels.

De retour sur leur terrasse, ils oubliaient tout de la réalité quotidienne dans la mythique capitale de leurs rêves dont ils avaient dû, quoi qu'ils en disent, supporter certains inconvénients. Ils pouvaient s'irriter des grèves, des embouteillages, pester d'avoir attendu cinq heures à l'aéroport de Roissy : la faute

Prologue

en revenait intégralement à la nullité d'Alitalia... Pour le reste, « Chirac », « Jospin », ces noms n'appartenaient pas à leur vocabulaire, ou si peu. Napoléon, en revanche, le Grand et le Petit, restaient à l'ordre du jour. Les uns en tenaient furieusement pour l'Empereur et pour Stendhal. Les autres pour Chateaubriand et le *Génie du christianisme*. La conduite de la France envers l'Italie à l'époque du Concordat soulevait l'indignation générale et nul ne manquait de commenter — aigrement — cette propension des Français à s'approprier ce qui ne leur appartient pas. Les collections italiennes, pillées par Dominique Vivant Denon, le fondateur du Louvre, n'étaient-elles pas le meilleur exemple de cet insupportable esprit de conquête ? Sur ce point, princesses francophiles et marquises francophobes se disputaient dans la langue de Mme de Staël, comparant les mérites des Bourbons, des Orléans ou des Bonaparte. À l'ère du « web », l'art de la conversation se pratiquait selon les rites en vigueur à Paris sous le règne de Louis-Philippe.

Bref, dans un certain monde, les pendules de Rome s'étaient arrêtées au XIXe siècle et quelques égéries, éduquées en France, régentaient la vie littéraire dans les salons.

La plus âgée de ces *salottiere*, la plus puissante, répondait au nom, très noble et très ancien, d'Émilie d'Entraygue. Son bisaïeul, le peintre paysagiste Jacques d'Entraygue, avait été pensionnaire à la villa Médicis sous le directorat d'Ingres. Il s'était marié à Rome pour ne plus quitter les États du pape : Mlle d'Entraygue était, ne lui en déplaise,

Le salon des petites vertus

de nationalité italienne. Selon l'usage, on l'appelait *la d'Entraygue*, un raccourci qui n'avait rien de péjoratif.

Bien qu'elle ne fût pas jolie — elle ne l'avait probablement jamais été —, elle présentait un aspect soigné. De petite taille, les cheveux courts, d'un gris perlé, elle portait des tailleurs sombres qui affinaient sa silhouette. Au seuil du troisième âge, elle gardait une allure sportive, qu'elle cultivait par la bicyclette et la natation. Quant au visage, qu'elle avait laissé bronzer autrefois, il restait naturellement hâlé. La clarté du regard, son intelligence illuminaient toute sa physionomie.

On ne lui connaissait pas de maris, pas d'amants, pas d'enfants... Mais une ribambelle de cousins en Bretagne et une petite maison de vacances dans le golfe du Morbihan la maintenaient *proche de ses racines*.

Elle avait fait ses études à Paris au lendemain de la guerre.

Admise parmi les premières femmes à Sciences-po, elle y avait rencontré les futurs énarques du Quai d'Orsay, auxquels elle s'était liée pour la vie, avant de se réinstaller à Rome. Ses diplômes et ses amitiés lui avaient ouvert les portes du consulat et de toutes les institutions françaises établies dans la Ville éternelle. Romaine de naissance et parisienne de cœur, elle jouait les traits d'union entre les deux pays et permettait l'harmonieux glissement d'un univers à l'autre. Un poste taillé sur mesure.

Dans son petit bureau de la via Giulia, à côté du palais Farnese, siège de l'ambassade de France, la

Prologue

Farnesina comme on la surnommait affectueusement (un jeu de mots qui faisait allusion à son sens diplomatique : la Farnesina était aussi le ministère des Affaires étrangères italien) assurait la liaison entre les services culturels français et la presse locale. C'était elle qui, depuis quarante ans, adressait les *mailings* et contrôlait les *listings* de toutes les manifestations d'ordre artistique qu'organisait la France, rajoutant de sa belle écriture les noms des nouveaux venus à Rome et barrant, sur les invitations, ceux des inutiles, des importuns et des défunts.

Quiconque voulait *appartenir* devait donc passer par les fourches caudines de sa sympathie. Émilie n'en était pas avare : elle avait l'œil ouvert et le sourire bienveillant. Mais gare à ceux qui l'ennuyaient : les mortifères, les agaçants et les pompeux — qu'ils fussent français ou italiens, grands ou petits —, elle les rayait de sa liste. De toutes les listes... À jamais. Et du sceau *sans intérêt*, qu'elle décernait quelquefois, nul ne se débarrassait.

Aucun des ambassadeurs de France qui se succédaient à Rome — ambassadeurs auprès du Saint-Siège, ambassadeurs auprès de la République italienne : une cinquantaine en un demi-siècle — n'aurait songé à prendre ses fonctions sans faire allégeance à la d'Entraygue. Avec naturel, elle acceptait les hommages : les diplomates qui désiraient lui présenter leurs respects la trouvaient chez elle le premier mercredi de chaque mois.

Ce jour-là, Émilie donnait un déjeuner sur le toit du palais exigu qu'elle habitait. Sa terrasse tenait

Le salon des petites vertus

plus du balcon que du parc, mais l'appartement ressemblait à son hôtesse : de petites proportions, coquet et confortable, sans faute de goût, bien distribué, idéalement situé piazza Navona au cœur de la ville. Une dizaine de femmes liées au pouvoir — à toutes les formes de pouvoir : politique, religieux, financier, familial — y venaient converser. Les unes apparaissaient, disparaissaient avec les saisons ; les autres constituaient le cœur du cercle et n'auraient eu garde de manquer un « mercredi ». Parmi les stars du salon venait d'abord la vieille princesse Damiani qui jouait la carte du franc-parler. En manteau de vison d'octobre à mai, elle affectait la spontanéité, et se permettait des mots crus qu'on aurait jugés vulgaires dans d'autres bouches. Son rang lui autorisait une complète licence de langage. Second pilier du salon : la Professoressa Bini qui restait sur la réserve et cultivait la litote, en dépit d'une très brillante carrière de biologiste. Puis une célèbre journaliste, critique littéraire dans un grand quotidien, qui intervenait passionnément dans les récits d'autrui. *And many more...*

Précisons tout de suite que le salon d'Émilie n'était pas réservé au sexe faible : les hommes, la Farnesina les aimait. On ne se voulait pas féministe sur sa terrasse, du moins pas de façon militante. Les rares messieurs qui participaient aux causeries jouissaient donc de grands privilèges : ils avaient, eux, l'autorisation de fréquenter les autres salons de Rome, sans encourir le risque d'un sarcasme ou d'un renvoi. On leur rappelait tout de même que les réceptions des quelques égéries qui se prétendaient les rivales d'Émilie pouvaient bien leur sembler plus modernes ou plus fastueuses : la conversation, chez elles, restait un bavardage dénué d'intérêt, un pot-pourri d'opinions et de ragots dont la Farnesina ne voulait pas à sa table. Le *salotto della d'Entraygue* demeurait un club d'initiés. Une institution.

On arrivait à treize heures. On en sortait à quinze. Le repas, raffiné mais frugal — ces dames se disaient toujours au régime —, se composait d'une *insalata caprese*, de *prosciutto crudo*, d'eau minérale *frizzante* et de vin blanc. Pas de dessert, ou alors quelques fruits, et du café : plusieurs tasses d'espresso, que montait sur la terrasse le serveur du bar installé au rez-de-chaussée du palais. Émilie, qui se prétendait italienne d'adoption, affectait de ne pas rivaliser avec les autochtones sur ce point, le café. Mais elle servait, elle, l'espresso avec du sucre en morceaux, chose fort rare en Italie. Pyramides de cubes blancs, bruns, roses, verts de chez Mariage Frères ; et bâtonnets de sucre candi cristallisés. Sophistication oblige ! Ses convives trouvaient en outre, dans des coupelles d'argent en forme de cœur, les pastilles de chocolat qu'elle rapportait de chez son fournisseur à Quiberon, « le meilleur chocolatier du monde », disait-elle.

C'était à ce signal, le café, que s'ouvrait la grand-messe pour laquelle on se réunissait sous son parasol blanc, une cérémonie aussi baroque qu'insolite en ce siècle d'internautes : l'une des invitées racontait une histoire... La vie d'une femme. La narratrice pouvait soit se choisir elle-même comme protagoniste, soit évoquer le destin d'une personne dont elle avait entendu parler, victime ou bourreau, pourvu que cette femme ait existé. L'intrigue, qui participait à la fois du mythe et du potin, se nouait à Rome.

Nulle ici ne songeait à transgresser ces règles : la scène de leurs récits, les *salottiere* la campaient sur les lieux de mémoire qu'elles fréquentaient. Plus le théâtre serait grandiose, plus le drame — ou la comédie — se jouerait efficacement dans la noire profondeur des coulisses. En *contrapposto* du décor, les grandes mondaines goûtaient le pouvoir des vies minuscules, la puissance des corps contristés et des âmes de vestales. Point d'épopée, surtout ! Le salon avait en horreur les clichés de la féminité triomphante. Quant à l'amour... Rien ne valait la cruauté des Vierges. La perfidie des Saintes, sous les baldaquins de marbre. Le sourire des Anges qui manœuvrent les âmes dans les replis de leurs ailes.

Pucelles diaboliques, célestes madones : que les héroïnes viennent du ciel ou de l'enfer, qu'elles retournent à Dieu ou au Diable, peu importait. Toutes pratiquaient le meurtre au fond de leur cœur ; mais respectaient les apparences du dévouement, du sacrifice et de la chasteté. Mortes ou vives, ces tartufes en jupons ne baissaient pas le masque : les bonnes mœurs leur collaient à la peau. *Nel salotto della d'Entraygue,* les femmes demeuraient vertueuses. Haineusement, vicieusement vertueuses. Ainsi le voulaient les lois de l'esthétique telles qu'on les pratiquait sur la terrasse de la piazza Navona.

Prologue

À cette hauteur mouraient la rumeur de la ville, les cris des guides conduisant les groupes de touristes jusqu'à la fontaine du Bernin, les guitares des chanteurs qui grattaient *O sole mio*... On entendait seulement les cloches de Sainte-Agnès in Agone qui sonnaient les heures, inlassablement, de l'autre côté de la place. Le dôme, les deux campaniles fermaient l'horizon. Certains soirs de mai, l'ombre de la coupole pesait sur la barrière de plantes vertes du minuscule jardin qui semblait suspendu dans le temps, au-dessus des espaces vides et des mots.

Attablées dans le ciel de Rome, les conteuses se succédaient... Et si les accents, les tons, les timbres variaient au fil de la causerie, leurs voix témoignaient encore de cette réalité anachronique : elles étaient la dernière trace d'un monde en suspens, l'ultime vestige de cette société qui ne se survivait que par la parole.

AH, PERFIDA !

« ... Ce mot de *perfide* m'a toujours fait plaisir ;
C'est, avec celui de *cruelle*,
le plus doux à l'oreille d'une femme. »

Choderlos de Laclos
Les Liaisons dangereuses

Masq. d'Économie.
Masq. de Sincerité.
Masq. Désinteressé.
Masq. de Fidélité.
Masq. de douceur.
Masq. de Charité.
Masq. de Constance.
Masq. de Modérati̅o̅.
Masq. de Complaisance.
Masq. de Devotion.

Isaure
ou
la vertu intérieure

— L'histoire que je vais vous conter s'ouvre par un procès pour hérésie, où je tiens le rôle de blasphématrice ! plaisanta Scarlett Bonnel.

Sur la scène du salon de la piazza Navona, la narratrice occupait plutôt l'emploi de Colombine ou de Suzanne : elle était gaie, légère, voire délurée. Les dames d'âge mur qui fréquentaient la d'Entraygue, loin de s'offusquer de ses écarts de langage, y entendaient l'écho d'une nécessaire modernité et recherchaient sa compagnie. Scarlett incarnait à leurs yeux le monde contemporain. Durant des années elle avait commenté les images de la guerre en Afghanistan, en Ouganda, à Sarajevo. Sur les chaînes françaises.

Mais le divorce d'avec le père de ses deux filles l'avait contrainte à renoncer à sa vie de bourlingueuse. Elle s'était battue longtemps pour obtenir la garde de ses enfants. Un nouveau départ, un déménagement loin de Paris, leur offrirait à tous l'avantage d'une accalmie. Les relations de Scarlett avec les dirigeants des ONG humanitaires et son

Le salon des petites vertus

expérience sur le terrain lui avaient permis d'obtenir un poste à Rome, au siège du Programme alimentaire mondial. Ce travail lui procurait une relative sécurité financière, en même temps que l'illusion d'une nouvelle aventure. Il lui permettait surtout de se consacrer à Louise et à Juliette.

En arrivant en Italie, Scarlett dépassait la quarantaine. Lunettes noires sur le nez, chevelure aux épaules, mèches « balayées » comme le voulait la mode, elle gardait l'allure branchée de la Parisienne.

— Si vous saviez de quel monde je sors ! poursuivit-elle en jouant l'effarement. Ce clergé omniprésent, ces hordes de prêtres, ces files de bonnes sœurs : la religion me presse et m'envahit... Nulle part ailleurs, dans aucune capitale, je ne serais exposée à cette tentation : me trouver... Ou me perdre. À ce sujet, j'aurais un conseil à vous demander...

Bien qu'Émilie fût en profond désaccord avec l'anticléricalisme de Scarlett, qu'elle savait athée, elle aimait son entrain. Elle l'encouragea donc aux confidences.

— Nous serons heureuses de vous le donner.

« Voici les faits... En novembre dernier, je fus convoquée par le père Guillaume, l'aumônier qui a préparé la classe de mes enfants à leur première communion. Après m'avoir fait grand compliment sur Louise, l'aînée de mes filles, dont il me vanta la piété et m'exhorta à respecter le sentiment religieux, il en vint à son propos. Il recherchait une personne capable de lire et de juger des scenarii en

Isaure ou la vertu intérieure

langue française : aucun des jeunes gens qui étudiaient au séminaire ne s'intéressait à la dramaturgie contemporaine. Or, il avait besoin d'un juré pour siéger au prix du Spectacle universel. Le concours était ouvert aux scénaristes du monde entier, chrétiens ou non chrétiens. Patronné par le pape, il devait couronner un scénario de long métrage, qui serait produit par l'administration pontificale et sortirait sur les écrans à la Noël 2000 pour clore le Jubilé. Prévu de longue date, le projet bénéficiait d'un budget colossal. Le reste du jury serait composé de professeurs de toutes nationalités, titulaires dans les universités romaines des chaires de cinéma. Un grand honneur pour moi.

« Je sortis de son bureau très flattée qu'on m'ait invitée. Vous pourriez vous étonner de ma participation à pareille entreprise, mais j'ai été élevée au couvent des Oiseaux et respecte la foi.

« Au terme de plusieurs mois de travail, je me rendis à la première séance de délibération, au palazzo della Cancelleria. Ce palais appartient au Vatican : en franchir la porte, c'est pénétrer dans un monde dont l'atmosphère évoque la Suisse plus que l'Italie. Ordre, silence, froideur... Plusieurs barrages de gardes m'avaient coupé la route avant qu'une troupe ne m'escorte jusqu'à un escalier Renaissance, une grande porte cloutée, une sonnette.

« Un instant je restai plantée là, hésitante. Je posai à mes pieds mon cartable bourré des scenarii que j'allais devoir commenter : les souffrances des Martyrs coupés en rondelles dans l'arène, les plaies

Le salon des petites vertus

béantes des Bienheureux suppliciés... Je regardai autour de moi le ballet des soutanes dans la galerie et sonnai. Un ecclésiastique m'escorta par une enfilade d'antichambres jusqu'à la salle du Grand Conseil. Six prélats s'alignaient du même côté d'une longue table.

« Le plus âgé des *monsignori* se leva et me toisa par-dessus ses lunettes, avec la mine pateline d'un matou observant une souris. Costume noir, petite croix d'argent sur le revers de la veste : c'était l'incarnation du "monseigneur-passe-partout". Mais il allait parler... avec la voix de Marlon Brando dans *Le Parrain* ! Un chuintement, un halètement, un ahanement, qui s'arrachait dans un souffle, qui montait non de la gorge, non des cordes vocales : du cœur !

« — Soyez bienvenue parmi nous, *signora* : que la Sainte Vierge Marie, Mère de Dieu, vous protège et vous inspire...

« À ces paroles, prononcées d'une voix mourante, il joignit le geste et me tendit son anneau à baiser : quelle habileté dans la façon dont il leva haut le poing, me contraignant à effleurer sa bague. Pour le principe. Car il avait déjà compris que je n'*appartenais* pas. L'œil impénétrable, il ouvrit les bras et se tourna vers ses cinq "assesseurs" auxquels je serrai successivement la main. L'un était un homme jeune, au visage lisse et rose, qui me sourit. L'autre, un gnome à la figure racornie, le teint bistre, le regard noir et vrillant derrière les verres teintés de ses lunettes.

Isaure ou la vertu intérieure

« Coups de sonnette : mes collègues, les professeurs, traversèrent la salle à grands pas. Arriva d'abord la représentante de l'Italie, serviette Gucci sous le bras, et manteau de fourrure ouvert. Puis six pontes, dont le professeur Horst pour l'Allemagne, une dramaturge d'origine grecque et un spécialiste du théâtre élisabéthain...

« Après la cérémonie des salutations, nous prîmes place — les jurés d'un côté, les prélats de l'autre — et j'exprimai mon souci :

« — Les scenarii français qui m'ont été soumis appartiennent à deux catégories. La première — biographies de saints et mises en scène de l'Évangile — répond aux exigences de la foi, mais demeure médiocre sur un plan dramatique. La seconde — chants poétiques, réflexions philosophiques, spectacles d'avant-garde — innove, mais ne répond pas aux critères religieux du prix... Pourrait-on couronner un scénario qui n'aurait aucun contenu théologique, mais qui s'apparenterait, sur le fond, à une quête spirituelle ?

« Le Parrain pointa sur moi un index inquisiteur. Allait-il me bénir ou m'exorciser ? Il se concentra.

« — Les textes qui *innovent* proposent-ils des messages d'espérance ?

« — Oui, monseigneur, d'espérance. Et de doute aussi.

« — De doute ! s'interposa le petit prêtre aux lunettes teintées. De *doute* ? répéta-t-il, furieux.

« — C'est très acceptable, le doute, intervint le Parrain de sa voix chevrotante. Oui, très, très bien, le doute... À condition (de nouveau il leva le

Le salon des petites vertus

doigt)..., à condition qu'il soit positif ! Même le désespoir peut être intéressant s'il est valable...

« Je revins à mon idée :

« — Dois-je impérativement choisir un texte qui illustre l'Évangile, fût-il nul ?

« — Vous vous perdez dans les pièges et les sophismes du Malin ! tonna le nabot atrabilaire. Bientôt vous blasphémerez !

« Je songeai à tous ceux qui furent jugés dans ce salon, brûlés à quelques pas sur le Campo di Fiori.

« — ... Prenez garde ! Vous trahissez la Parole ! Vous plongez dans l'hérésie !

« À ce stade, il n'y avait plus rien à faire. *Doute positif, désespoir valable,* halte au *blasphème,* chasse à l'*hérésie...* Je me renfrognai.

« — Remettons les délibérations à plus tard..., conclut le Parrain, de sa voix inaudible. Que la signora Bonnel réfléchisse : parmi les textes que nous envoie notre amie la France se trouvent certainement quelques belles œuvres. Prions pour que notre Sainte Mère l'éclaire. Il échangea un regard avec ses compagnons. Ensemble, récitons une dizaine...

« Dans un grand bruit de chaises, nous nous levâmes.

« Chacun des *monsignori* avait sorti son chapelet : les yeux clos, ils en faisaient rouler les grains entre leurs mains jointes. Le Parrain fit signe au plus jeune d'entre eux. Une voix grave, ardente, s'éleva dans l'immense salle. Il "chargeait" chaque mot de ferveur et d'amour. Les phrases prenaient du sens, du poids. J'écoutais chaque parole avec émerveille-

Isaure ou la vertu intérieure

ment, mesurant soudain que je n'avais jamais compris, ni même entendu l'*Ave Maria...*

« Le silence retomba. Je crus l'oraison terminée. Mes collègues restaient toujours debout, immobiles, tête baissée. Suivant leur exemple, je ne bougeai pas.

« Le regard du Parrain se fixa sur moi :

« — Signora Bonnel ?

« Il me tendit son chapelet — que je n'osai refuser — et m'invita à commencer. Panique ! Trou de mémoire complet. Ce fut à cet instant que, par la porte du fond, s'introduisit la quatrième femme de cette étrange réunion. Elle traversa la salle sur la pointe des pieds, les bras croisés. De grosses lunettes, elle aussi. La quarantaine, un air grisâtre de dame catéchiste. Elle alla rejoindre à petits pas l'extrémité de la table et plongea dans une longue et profonde génuflexion devant le Parrain. Puis elle se rangea du côté des *monsignori*, qui se serrèrent pour lui laisser de la place.

« — Isaure ? murmura le Parrain, en me reprenant le rosaire.

« L'incongruité du nom me fit redresser la tête. Coudes au corps, paumes tournées vers le ciel, Isaure ouvrit les mains. Elle priait comme les premiers chrétiens. Sans les lunettes qui lui masquaient le regard, elle aurait pu être jolie. Le bizarre "poncho" qu'elle arborait lui épaississait la silhouette et sa poitrine imposante n'était peut-être due qu'à la position de ses bras qui lui comprimaient les seins. Elle parlait de plus en plus fort. Son "Je vous salue Marie" n'était plus une prière, mais une imprécation ponctuée de silences et de soudaines lancées qui montaient jusqu'au brame.

« Je me livrais à un rapide calcul du temps qu'allait encore durer la séance, et je rêvais... "Isaure" ?... Quel nom de légende ! Au couvent des Oiseaux, j'avais connu une Isaure. Celle-là était ravissante ! Elle ne devait y rester que quelques mois, avant d'être renvoyée. Nous n'avions pas été proches et je ne me souvenais plus ni des circonstances de son expulsion ni de son nom de famille. De sa beauté d'ange, oui ! Je me la rappelais comme une madone un peu sulfureuse. Elle avait de très longs cheveux blonds, lisses et soyeux. Un visage de Vierge. En fait de virginité, l'Isaure de mon enfance ne pensait qu'à "cela" : *les garçons*. Elle était la seule d'entre nous à coucher dans leurs lits. À treize ans, la chose était rare et plutôt phénoménale aux Oiseaux. Elle les séduisait tous, les frères, les pères de ses camarades. Outre la blonde chevelure, elle avait la voix de Mélisande, d'une douceur, d'une suavité merveilleuses. À l'exception des moments où elle déclamait des vers, elle hurlait sa leçon, terrorisée à l'idée de se faire surprendre. Car elle trichait toujours, Isaure.

Cette poésie de Malherbe qu'elle prétendait réciter par cœur, elle l'avait glissée sous le protège-cahier transparent d'un livre. Debout pour répondre au professeur, elle la lisait de haut, écorchait tous les mots (elle n'y voyait rien) et beuglait chaque parole pour en masquer les erreurs et les imperfections.

« Je l'entendais en cet instant telle que je l'avais entendue trente ans plus tôt... "Isaure" ?

Isaure ou la vertu intérieure

« D'abord, je mis en doute cette idée saugrenue que cette dame patronnesse puisse être la nymphette du couvent des Oiseaux. "Rien — elles n'ont rien en commun !" Celle-ci avait le cheveu terne — remonté en tresse et retenu par une barrette sur la nuque. La superbe chevelure de lin ? Il eût fallu beaucoup d'imagination pour l'en parer ! La mienne s'y refusait. Mais la voix ? Aucun doute : je la reconnaissais. Dans cette voix se fondaient la petite fille et la matrone.

« Mais que m'importait ? Je n'avais maintenant qu'une obsession : fuir ! Cinq pères devaient encore dire leurs prières, sans compter les dévotions des autres membres du jury.

« Quand le dernier des prélats eut prononcé l'*amen* salvateur, je ne me souciai pas de faire connaissance avec Isaure. Alléguant l'urgence des activités qui m'appelaient, je m'excusai, saisis mon cartable, dévalai l'escalier, fonçai sur le parvis de la Chancellerie, et me cognai de plein fouet contre le père Guillaume. Ravi de me surprendre sortant d'un lieu si saint, il crut ma conversion assurée, cette conversion dont il rêvait depuis longtemps. Il m'entreprit sur ma ressemblance avec une femme française, "tout à fait votre genre sur un plan spirituel", une dame d'une piété admirable, avec laquelle il donnait des cours de catéchisme. Je ne songeai pas à *Isaure*, hélai un taxi et filai, avec soulagement, vers une réalité plus païenne.

« Mais le lendemain, la présence de l'Isaure-au-poncho parmi les monsignori recommença de m'intriguer : qui était cette Française et que faisait-elle au palazzo della Cancelleria ? J'appelai d'anciennes condisciples des Oiseaux : aucune ne se souvenait d'Isaure, ou alors si vaguement...

« Notre chère Émilie pouvait, seule, m'informer : vous auriez su, vous, mettre un nom de famille sur Isaure, une histoire. Mais vous passiez vos vacances en Bretagne et je n'avais aucun moyen de vous joindre.

« Par extraordinaire, je rencontrai ce jour-là Sylvia Andreatti, votre émule, l'égérie de la via del Vantaggio. N'allez pas penser, Émilie, que je vous ai trahie en fréquentant son salon : vous étiez absente, vous ne pouviez résoudre le problème qui m'intéressait... Ne m'en veuillez pas... J'ai accepté son invitation à déjeuner et je lui ai posé, à elle, la question que je voulais vous adresser.

« — Tu parles d'Isaure Benegui, évidemment ! me répondit Sylvia sans hésitation.

« — Qui est-ce, Isaure Benegui ?

« — Une vierge consacrée.

« — Il ne s'agit pas de la mienne, alors. La personne à laquelle je pensais n'est plus vierge depuis belle lurette... Autant que je me souvienne, elle ne s'appelait pas Benegui.

« — Qui te dit que "Benegui" soit le nom de jeune fille de l'Isaure-au-poncho ?

« — Si elle est vierge consacrée elle a fait vœu de célibat, n'est-ce pas ? Donc elle porte son nom de jeune fille.

Isaure ou la vertu intérieure

« — Pour le nom des vierges, il y a des dérogations... Isaure Benegui a été religieuse, je crois. Et elle est mariée.

« — Tu dis n'importe quoi ! Si elle est sortie du couvent après avoir prononcé des vœux perpétuels, si elle s'est "défroquée", je doute fort qu'elle puisse être acceptée chez les vierges consacrées. Et si elle est vierge consacrée, elle ne peut être mariée.

« — À Rome, on trouve des accommodements avec le ciel... Tu devrais t'informer auprès de monseigneur Caratini : il connaît tout le monde. Cinquante ans de cocktails, de soupers et de bals — sans parler des divins moments de la confession — lui ont ouvert les portes du paradis : il détient les clefs de toutes les alcôves...

« — Celles des princesses peut-être, mais sur l'Isaure-au-poncho, je doute qu'il...

« — *Benegui* est un nom corse. Et monseigneur Caratini sait tout sur les Corses de Rome ! Mène l'enquête et demande-lui : moi, je ne peux t'aider davantage, je pars pour Paris... Tu assistes ce soir à la réception de Noël chez l'ambassadeur de France auprès du Saint-Siège ? Caratini sera à la villa Bonaparte !

« En effet, ce soir-là je pénétrai dans le sanctuaire où se jouent les relations diplomatiques de la République française avec l'État du Vatican. Peut-être avez-vous oublié que la villa Bonaparte, précieuse et feutrée, se trouve aux antipodes de la froide majesté du palazzo della Cancelleria. Ancienne demeure de Pauline Borghèse, c'est une maison de

Le salon des petites vertus

campagne néoclassique, au cœur d'un jardin, un parc encastré entre les immeubles modernes. Dans la nuit bleue, sans étoiles, ce ciel romain qui ne ressemble à rien sinon à un grand écran couleur cobalt, les pins parasols s'élancent, gigantesques. Les projecteurs, posés dans l'herbe au pied des troncs, éclairent violemment les branches. Les arbres se découpent comme d'immenses champignons, se déploient, noirs sur le fond lumineux, accentuant encore l'aspect onirique, presque fantastique du lieu. Le vestibule rutile sous un éclairage violent. À l'inverse des palais romains, des églises, des chapelles, pas un recoin d'ombre ! On voit les rosaces du pavement et les volutes de la rampe qui monte en se tortillant sur elle-même, le tapis à ramages, et les déhanchements des statues de femmes qui jalonnent l'escalier. Avec ses mille fioritures sculptées dans la pierre, ciselées dans le bronze, le bois, le cuir, avec ses reliefs en trompe-l'œil et ses incrustations, la villa évoque une magnifique pièce d'orfèvrerie.

« À l'étage du grand salon d'apparat, hommes du monde, écclésiastiques en soutane et femmes en robes de cocktail — silhouettes noires, un verre de champagne à la main — bavardaient par petits groupes entre les lourds fauteuils Empire.

« Je me trouvai placée à table aux côtés d'un prélat en robe, le crâne coiffé de la calotte, la taille prise dans une ceinture rouge, la poitrine zébrée de chaînes et d'une croix.

« Le prenant pour monseigneur Caratini, je l'interrogeai sur la Corse, son beau pays. Erreur, il était breton et s'appelait Balbec !

Isaure ou la vertu intérieure

« — Vous n'habitez donc pas Rome, me lança vertement sa voisine, pour ignorer la tragique nouvelle qui nous plonge tous dans la stupeur ?

« ... Monseigneur Caratini, l'éminent personnage qui avait marié durant un demi-siècle, baptisé, enterré toute la noblesse francophile de la cité, était mort quelques jours plus tôt.

« — Madame Bonnel ne se trompe qu'à demi, intervint la victime de ma méprise en dépiautant ses cailles de ses petits doigts fuselés : monseigneur Caratini ne nous a pas quittés... Il reste notre mémoire à tous... La mémoire de la Ville éternelle.

« J'osai :

« — Vous connaîtriez par hasard... Isaure Benegui ?

« Monseigneur Balbec me répondit sans hésiter :

« — Comment donc ! Elle donne des cours à nos garçons du séminaire. Une bien sainte femme et un grand esprit...

« — Vous parlez de ma belle-sœur, monseigneur ? susurra sa voisine.

« Cette personne, qui intervenait pour la seconde fois dans notre conversation, incarnait ce que Rome comptait de plus snob, de plus riche, de plus vulgaire, et de plus titré. Physiquement un arbre de Noël. Couverte de diamants gros comme des osselets. Que cette silhouette-là fût parente de la dame patronnesse en poncho me semblait plutôt inattendu. La chose surprit d'ailleurs monseigneur Balbec qui n'était manifestement pas au fait de tout ce qu'il aurait dû savoir.

41

Le salon des petites vertus

« — ... Mais oui, insista-t-elle : c'est le loup dans la bergerie que vous avez introduit auprès de vos séminaristes, monseigneur, roucoula-t-elle d'un air coquin.

« Elle n'en dit pas davantage, enveloppa un instant le prélat dans l'effluve de son Chanel "N° 5", se détourna avec un sourire carnassier, et m'entraîna avec elle en sortant de table.

« — Vous la fréquentez, la Benegui ? me demanda-t-elle prudemment.

« — Pas du tout. Je l'ai vue à une réunion.

« — Et elle vous intéresse ? lança-t-elle, méprisante.

« — Je me demandais si, par hasard, nous avions été en classe ensemble.

« — Cela n'aurait rien d'étonnant : elle a traîné partout ! (Je fus sur le point de lui demander en riant si ce compliment me visait.) Une belle salope !

« Prononcée avec cet accent italien, entre perlouses et diams, la phrase, qui faisait écho à celle du prélat, "une bien sainte femme", prenait ici un relief particulièrement plaisant.

« — ... Ah oui ? m'étonnai-je. Une "salope" ? Elle semble plutôt pieuse et sans artifice.

« — Mariée à vingt ans avec mon beau-frère, quand il en avait soixante-dix... Il l'a épousée à l'hôpital, sur son lit de mort ! Grotesque !

« — Pardonnez-moi... mais, en l'occurrence, votre belle-sœur évoque moins une "vieille salope" qu'une jeune victime.

« — Une sale vache, coupa l'autre. Le château de Castelmonte, les tableaux, les bijoux de famille,

Isaure ou la vertu intérieure

tout le patrimoine : elle en a hérité et elle l'a vendu. Mes neveux, les fils de mon beau-frère, n'ont rien pu obtenir d'elle. Elle est entrée au couvent des Clarisses, leur apportant en dot cinq siècles d'histoire et l'intégralité de la fortune de ce pauvre Carlo.

« — Ah ? C'est une religieuse en civil, alors ?

« — Religieuse, elle l'a été durant vingt ans... Mais elle en est sortie, du couvent !

« — Vingt ans cloîtrée : c'est un bail ! Votre belle-sœur a dû faire preuve de beaucoup de courage pour prendre pareille décision et réaffronter le monde.

« — Du courage ? railla-t-elle.

« — ... Oui, du courage pour se réadapter, trouver du travail, gagner sa vie... Quel âge avait-elle à son entrée chez les Clarisses ? Vingt ans ? Et quarante quand elle en est sortie ! Imaginez les difficultés qu'elle a dû affronter au terme de vingt ans de réclusion.

« — Probablement... Des difficultés de réinsertion, oui, comme les brigands et les bagnards.

« — Sans parler des doutes, du sentiment de l'échec... de la crise de conscience...

« — Quelle crise de conscience ? Les tortures de la chair, oui ! Ce sont les tortures de la chair qui ont conduit la Benegui à briser ses vœux... avant de briser les ménages...

« Sur ces paroles, lourdes de nouveaux sous-entendus, elle partit flirter, sans risque, avec un lointain cousin qui préférait les messieurs.

43

« ... Quant à moi, je ne savais toujours pas qui était la "Benegui".

« Je l'oubliai jusqu'à ce que, de retour de Paris, Sylvia Andreatti me téléphone.
« — J'en ai appris de belles sur les demoiselles des Oiseaux, clama-t-elle au bout du fil. Ta condisciple, la Benegui...
« — C'est donc bien la même Isaure ?... La distance me paraît mentalement infranchissable entre la liane sexy, précoce et déchaînée de mes souvenirs et le pot à tabac grenouille de bénitier qui hurle ses "Je vous salue Marie" chez les prélats. Entre les deux images vient s'intercaler celle de la religieuse qui épouse un grabataire à l'hôpital... Et...
« — Et ce n'est pas fini... Je t'avais dit qu'elle était à la fois vierge consacrée et mariée ? J'avais raison !
« — Mais... avec "qui" est-elle mariée ?
« — M. Benegui, parbleu !
« — Je n'y comprends plus rien !
« — Écoute : flash-back. À quarante ans, elle sort du couvent. D'accord ?... Elle reprend contact avec les quelques personnes qu'elle a connues dans sa jeunesse — sa famille, une ou deux camarades d'école. Elle va beaucoup à la messe... Sa foi est restée très fervente. Défroquée, oui. Excommuniée, non. Elle n'a "brisé" ses vœux qu'avec le consentement de son évêque et de son confesseur. Ils la soutiennent dans ses efforts de retour à la vie séculaire. Elle reprend des études de théologie, financées par

le diocèse dont dépendait son ordre. Elle présente bientôt sa thèse à l'Université catholique de Paris. Brillamment reçue docteur en philosophie religieuse, elle s'attelle à la réécriture de livres de catéchèse, jusqu'au jour où le clergé dont elle dépend se souvient qu'elle est veuve d'un prince romain ; on l'envoie donc à Rome enseigner la théologie aux séminaristes français et jouer un rôle d'ambassadeur officieux de l'Église de France auprès des aristocrates italiens, très liés eux-mêmes au milieu du Vatican.

« En Italie réside justement son amie de cœur, *la camarade* avec laquelle elle avait été liée avant son entrée dans les ordres... Cette femme — mariée une première fois et divorcée — a épousé, en secondes noces, le directeur de la fondation des Œuvres de Marie. Le couple, très pratiquant, accueille Isaure et l'introduit auprès des organisations religieuses dont ils font partie. Ils l'emmènent avec eux à Assise, à Lorette, sur tous les lieux de pèlerinage.

« — J'imagine la suite...

« — Cela m'étonnerait. Mais tu peux essayer.

« — Un jour où Mme le directeur rentre de vacances avec ses cinq enfants, son époux lui annonce qu'il la quitte. *Je suis au regret de devoir te dire que j'aime Isaure et que nous allons nous marier...* Je me trompe tant que cela ?

« — Non... Et ce que je te donnerai quand tu viendras déjeuner chez moi, c'est le faire-part de ton Isaure : la cérémonie religieuse a été célébrée

Le salon des petites vertus

il y a six mois et le sacrement de mariage dispensé par feu monseigneur Caratini.

« — Cérémonie religieuse ? Sacrement de mariage ? Mais ils ne pouvaient pas se marier à l'église : M. Benegui était un homme divorcé !

« — Divorcé d'une femme qui l'était elle-même et qu'il avait donc épousée civilement. Le mariage de M. Benegui avec l'amie d'Isaure ne vaut rien aux yeux de l'Église.

« — Mais les vingt ans chez les Clarisses, les vœux brisés...

« — Annulés, nuance... Vœux annulés. Je t'ai dit qu'Isaure était sortie du couvent avec l'accord de son évêque.

« — Et tu m'as dit aussi qu'elle appartenait désormais à un ordre séculier... Les Vierges consacrées qui font vœu de chasteté !

« — ... Et de célibat, oui. Isaure a donc fait un mariage blanc avec Benegui, à la suite duquel il est, lui-même, entré dans les ordres.

« — Quoi ?

« — La chose est parfaitement acceptable, si les époux sont tous deux consentants.

« — Résumons-nous : après s'être tapé (à l'âge de treize ans) les frères et les pères de ses copines au couvent des Oiseaux, l'informe dame patronnesse que j'ai eu l'heur d'apercevoir au rosaire a piqué, à l'âge de quarante-sept ans, le mari de sa meilleure amie ?

« — Ta conclusion manque de nuance et me confirme dans l'idée que tu ne saisis pas la complexité du droit canon...

Isaure ou la vertu intérieure

« Sèchement, Sylvia me raccrocha au nez. Je crains de l'avoir choquée et je doute qu'elle me reçoive à nouveau. Votre rivale, Émilie, en sait beaucoup trop long sur l'Église de Rome... »

Scarlett Bonnel poussa un soupir et murmura, tel un aveu :

— J'ai revu Isaure. Je la revois chaque jour dans la grande salle du palazzo della Cancelleria. Nous travaillons ensemble. La vérité est que je ne parviens pas à m'en défaire. Je suppose qu'elle prétendra bientôt emménager chez moi.

— Emménager chez vous ? Quelle drôle d'idée ! interrompit Émilie en souriant. Vous n'avez pas d'époux, que je sache, pas de fortune à capter ! Une conscience à éveiller, ah, cela, ma petite Scarlett, certainement ! Mais après ce que vous venez de nous conter des exploits de votre Benegui, la conversion de votre âme me paraît pour elle un bien maigre butin !

À cette plaisanterie, Scarlett Bonnel coupa court : elle hocha la tête, soupira de nouveau, allégua qu'elle était très en retard, que ses filles l'attendaient, et se leva pour partir.

— Je vous raconterai la suite une prochaine fois...

— Comment, s'insurgea l'hôtesse, vous n'achevez pas ? Allons donc ! Vous êtes arrivée ici en nous annonçant une histoire qui vous touche de près, en nous demandant un conseil que vous ne voulez probablement plus entendre... Vous nous avez narré une petite anecdote qui ne conduit nulle

Le salon des petites vertus

part ! Et maintenant vous nous laissez en plan ! Voilà qui serait contraire à tous nos usages... Il fait bon sous mon grand parasol blanc. Nous vous écoutons.

— ... Une autre fois.

Cette réponse déclencha un tollé que Scarlett affecta de ne pas remarquer. Sans ajouter un mot, elle abandonna son auditoire.

Quelques années plus tard à la même saison, sur la même terrasse, Mlle d'Entraygue ouvrait son propre récit par les paroles qu'avait autrefois prononcées Scarlett.

— On a beau dire que la religion se perd, Rome conserve son pouvoir... Si vous saviez de quel monde je sors ! Vous souvenez-vous de la petite Bonnel qui bavardait ici ?

— Comment donc ! Elle a passé cinq ans à Rome avant de disparaître sans crier gare, sans avertir personne...

— Je ne l'ai pas connue, avoua l'une des convives, mais j'en ai entendu dire des choses très contradictoires.

— Certainement pas la vérité, trancha l'hôtesse. Elle soupira. Moi-même, je n'avais pas compris que l'insupportable grossièreté de ses propos sur le clergé romain couvrait un tel malaise. En nous abandonnant, elle s'était contentée d'évoquer ses rencontres ultérieures avec Isaure. Sans nous dire que la Chancellerie, qui avait trouvé son esprit dangereux pour le concours, s'était adjoint les services d'un second juré de langue française...

Isaure ou la vertu intérieure

« Bonnel et Benegui faisaient équipe : la seconde, qui était appréciée de longue date par l'administration pontificale, contrôlait la première. Elles travaillaient de concert.

« Scarlett — loin de se montrer vexée par cette mesure qui récusait ses choix — avait commis l'erreur de s'en féliciter, en rappelant à sa nouvelle collègue leur passé commun au couvent des Oiseaux.

« Isaure lui était tombée dans les bras...

Émilie marqua une pause et s'exclama avec une sorte d'agacement :

— La petite Bonnel n'était pourtant pas née d'hier ! Elle restait de taille à se défendre ! Sachant tout ce qu'elle savait sur le passé de cette femme, comment put-elle se laisser séduire ? Elle avait beau rire avec nous de la Benegui et des incohérences du personnage : au moment de son récit, le mal était fait...

— Quel mal ? s'insurgea la signora Brissi, l'une des auditrices fort dévote, qui sentait poindre la critique.

— Ou le bien, c'est selon... Le ton de Scarlett ne laissait guère présager qu'elle était déjà très liée à Isaure, qu'elle la voyait, lui téléphonait plusieurs fois par jour. Scarlett nous l'avait décrite comme une grosse femme sans charme. À la vérité, Isaure était grande, forte et n'avait aucun chic. Mais elle ne parlait fort qu'en s'adressant à Dieu, et ne gesticulait qu'en faisant sa prière. Pour le reste : la réserve incarnée. Non seulement la Benegui ne s'opposa pas à la Bonnel devant la commission de

Le salon des petites vertus

prélats, mais elle soutint ses idées. Avec respect, avec vénération pour les goûts de sa coéquipière, l'ancienne religieuse défendit l'œuvre d'un auteur qui n'était pas catholique, un texte violent qui témoignait de ce sens du sacré auquel tenait tant Scarlett. Les deux femmes réussirent à convaincre le jury qu'il avait affaire au scénario d'un grand mystique, le dernier mystique français de cette fin de millénaire. On élut donc, en grande pompe, *Fulmine*, un spectacle d'avant-garde tourné en italien à Cinecittà et doublé dans toutes les langues. Mais, auparavant, Bonnel et Benegui allaient devoir instiller un message d'espérance dans le manuscrit original : les sacro-saintes Valeurs... Leur collaboration commençait à peine.

« Ce travail de réécriture, qui engageait profondément la responsabilité de l'Église, dépassait les compétences de Scarlett. Isaure s'y révéla une précieuse acolyte, bien qu'elle affectât de ne jouer aucun rôle. Elle dissimulait l'éclat de son intelligence et sa très réelle culture sous l'humilité la plus systématique. Sans doute gardait-elle ce trait de caractère — devrais-je dire : cette habitude de comportement ? — de ses vingt ans au couvent. Elle y avait appris l'obéissance et la modestie.

« Elle faisait de fréquentes allusions au courage de Scarlett, à sa témérité durant les guerres qu'elle avait couvertes, à sa place de témoin dans les grands conflits du siècle, qui requérait tant de force morale et d'honnêteté intellectuelle.

« — Toi qui as traversé des situations si difficiles... Toi qui as tout vécu...

Isaure ou la vertu intérieure

« Elle mettait un tel enthousiasme à la flatter que Scarlett se demandait si Isaure ne se moquait pas d'elle. *Sûrement, elle se fiche de moi !* songeait-elle avec cynisme.

« Mais l'autre donnait tant de preuves de sa générosité que Scarlett se reprocha bientôt son manque de gentillesse. La vie lui faisait à elle, Scarlett, le cadeau d'une rencontre avec une personne d'une rare bonté, un être bienveillant... Et elle se montrait assez méfiante pour douter de sa sincérité ?

« Moitié par sentiment de culpabilité, moitié par plaisir et commodité, elle accepta de se laisser encenser.

« Au fil du temps, Isaure rendait à Scarlett mille services qui dépassaient le cadre de leur travail. Non seulement elle tapait toutes les modifications du scénario, photocopiait, reliait, livrait les différentes versions du manuscrit à l'administration pontificale, mais elle allait chercher les robes de Scarlett à la teinturerie (*Je les prends sur mon chemin,* disait-elle), recousait les ourlets des rideaux (*Coudre me détend*), déposait chez Scarlett une attention, un petit bouquet, un dessert.

« Elle passait quelquefois sans être attendue, apparaissant un instant avant l'arrivée des invités, lors d'une fête à laquelle Scarlett ne l'avait pas conviée. Dans ce cas épineux, pour Scarlett comme pour Isaure, cette dernière ne s'incrustait pas. Elle ne se laissait pas retenir à dîner. Mais elle proposait, très naturellement, de revenir ranger la cuisine après la réception.

« Si Scarlett lui répondait sèchement qu'elle se débrouillerait toute seule, ou si elle s'emberlificotait dans des excuses, Isaure ne se vexait pas.

« Toujours de bonne humeur, toujours disponible et prête à servir, elle se présentait gentiment *plus tard, ce soir, demain matin,* pour épauler, pour seconder, pour soulager...

« Je devrais tout de même ajouter un détail, un point infime en apparence, qui pourrait bien expliquer la suite de mon histoire.

« Scarlett Bonnel ne savait rien faire de ses dix doigts. Les bombes ne l'intimidaient pas. Mais elle avait une faiblesse dans la vie : la moindre tâche ménagère lui prenait cent fois plus de temps qu'à quiconque. Plus d'énergie, plus de concentration qu'à n'importe quelle femme normalement constituée. Repasser, coudre, cuisiner l'entraînaient dans une suite de désastres.

— Ce portrait de gourde que vous nous dressez, interrompit l'une des auditrices, semble en complète contradiction avec son métier ! Les grands reporters — a fortiori les correspondants de guerre ! — se doivent d'être débrouillards...

— Je n'ai jamais dit que Scarlett n'était pas débrouillarde ! Au contraire ! C'était la reine du système D : elle déployait des trésors d'ingéniosité pour se tirer d'affaire et contourner son handicap...

— Handicap, vous dramatisez !

— Elle brisait tout ce qu'elle touchait. Émilie esquissa un sourire. Notre ami Freud parlerait mieux que moi du mal dont souffrait Scarlett... Ce que je puis vous dire, c'est qu'elle avait la vie

Isaure ou la vertu intérieure

domestique en horreur. Cette phobie était entrée pour quelque chose dans le choix d'une profession qui l'avait attirée loin de son domicile. Elle justifia sa sympathie et sa gratitude envers une personne qui prenait à cœur de la soustraire à tout ce qu'elle exécrait.

— ... Se lier d'amitié avec une Benegui afin de couper à la vaisselle me paraît une démarche plutôt paradoxale. Elle pouvait se payer une femme de ménage...

— Elle n'avait pas les moyens de cette solution, répliqua sèchement Émilie. Quoi qu'il en soit, Scarlett élevait seule deux filles, et l'existence de la famille Bonnel se trouvait fort compliquée par sa hantise des travaux ménagers... Elles étaient toujours dehors. Je dois reconnaître que l'image du trio trottinant côte à côte dans les rues de Rome demeure un souvenir charmant. Louise, l'aînée, un peu lourde, un peu forte au seuil de l'adolescence, évoquait une caryatide d'Haussmann. La petite, une gamine tout en jambes, avait le charme d'une Lolita en herbe. On les rencontrait ensemble dans les cinémas du Trastevere, aux concerts de la villa Médicis, en bicyclette dans les jardins du Pincio : Scarlett se montrait toujours soucieuse de leur faire découvrir les plaisirs de la vie, d'éveiller leur curiosité sur le monde. Elle les emmenait partout avec elle et ne ménageait pas sa peine. Sa passion pour ses enfants la rendait très attachante.

« Ce n'est pas à vous que j'apprendrai la difficulté des rapports mère-fille quand les deux partis atteignent un certain âge... Eh bien, sachez que chez

Le salon des petites vertus

Scarlett tout se passait à l'inverse de l'ordinaire : Louise refusait de sortir avec des adolescents de sa classe, elle fuyait les boums, les boîtes et tous les plaisirs de son âge. Elle ne rêvait que d'une chose : se cloîtrer dans sa chambre, manger devant la télévision, dormir tout le week-end. Elle n'avait pas d'amies, accumulait les retards scolaires et ne s'intéressait à rien, en dehors de la nourriture. Scarlett se désolait de la voir se renfermer chaque jour davantage. Ce à quoi l'adolescente rétorquait que quelqu'un devait bien s'occuper de leur intérieur !

« Tous les affrontements familiaux, tous les rapports de force se déroulaient sur ce terrain symbolique. L'adolescente reprochait à sa mère son incapacité à rester au foyer ; et la mère à sa fille, sa mollesse, un manque absolu de curiosité. Les efforts de Scarlett, afin de répondre aux besoins de Louise en prenant la maison en charge, aigrissaient son humeur. Désemparée, elle oscillait entre la rigueur et la tendresse, entre le silence et le sermon, entre la patience et l'exaspération... Un enfer banal et passager dans une famille composée de femmes, dont l'une opérait la difficile transition vers l'âge adulte, tandis que l'autre, sentant venir le déclin, restait assoiffée de tout voir et de tout vivre.

— Vous ne m'ôterez pas de l'idée que ce qui manquait aux *dames Bonnel*, comme vous les appelez, c'est la présence d'un père ! s'exclama l'une des auditrices.

— Les femmes assez égoïstes pour faire des enfants toutes seules se promettent bien des ennuis..., renchérit la vieille Damiani.

— Oui, un homme aurait mis de l'ordre dans cette famille, approuva une troisième.

Émilie d'Entraygue esquissa un sourire et conclut :

— Aussi Scarlett trouva-t-elle Isaure Benegui.

— Grand Dieu !... C'était un *homme* ?

— Je vois que vous êtes prêtes à tout entendre, ironisa la narratrice. Je vous rassure : de ce côté, Isaure était bien ce qu'elle paraissait. Elle allait même se révéler plus femelle que nature. Notamment dans un domaine qu'elle n'avait pas encore expérimenté. La maternité. Dieu lui en avait refusé les joies : elle en souffrait. Aussi aimait-elle les enfants à la folie. Cette passion pour la jeunesse s'était peu révélée jusqu'à présent. Elle explosa d'autant plus violemment lors de sa rencontre avec les filles de Scarlett... La fraîcheur et la fragilité, une certaine forme de faiblesse, qu'elle avait aimées chez la mère, elle les adora chez les filles.

« Au début, les enfants s'étaient pourtant méfiées, elles aussi. Que leur voulait cette intruse qui s'immisçait dans leur vie ? Mais Isaure savait y faire.

« Loin de prendre parti contre Scarlett ou contre les filles dans les querelles familiales, elle affectait une neutralité bienveillante qui favorisait les griefs des deux partis. D'une part, Isaure acquiesçait aux inquiétudes de Scarlett qui s'insurgeait contre la paresse de Louise (elle risquait de tripler sa seconde), contre sa boulimie (elle grossissait beaucoup), et se tourmentait pour son avenir. D'autre part, en tête à tête avec l'adolescente, Isaure lui préparait les goûters qu'elle aimait et que Scarlett tentait de limiter : *un esquimau ne te fera pas de mal. Tu es très bien comme ça... À ton âge, tu grandis et tu dois manger.* Elle justifiait — auprès de Louise elle-même — son indolence et ses échecs par l'intensité de sa vie intérieure. Elle l'encourageait donc à rester à l'écoute de son cœur et lui parlait de Dieu.

« Quant à Juliette, Isaure s'était vite rendu compte qu'elle n'aspirait qu'à grandir. À douze ans, elle rêvait de se maquiller, d'embrasser les garçons et de sortir en boîte. Elle se désespérait de la fermeté de sa mère, qui refusait qu'elle se teigne en blonde et qu'elle rentre après dix heures. Isaure, tissant le cocon que Scarlett n'avait pas su créer, ménageait à la petite de menus plaisirs qui contrevenaient, sur des points infimes, sinon aux volontés maternelles, du moins à leur esprit. Elle offrait à l'enfant les chaussures à talons compensés qu'elle convoitait, lui achetait (en secret) le rouge à lèvres que Scarlett lui avait refusé et l'emmenait (en cachette) à une boum que Scarlett lui avait interdite.

« Toutes ces complaisances créaient, entre les jeunes filles et leur nouveau mentor, un réseau de complicités proches de l'affection.

« Scarlett, bien sûr, ne soupçonnait pas qu'Isaure lui mentait...

Émilie réfléchit et se reprit :

— ... Mensonges ? Peut-on qualifier de *mensonges* de si petites tromperies ? Disons, oui, qu'Isaure ne disait pas toute la vérité ; qu'elle s'autorisait quel-

Isaure ou la vertu intérieure

quefois des cachotteries, qu'elle savait garder ses mystères, ou plutôt ceux des filles ; que ses omissions visaient à préserver la tranquillité de sa chère Scarlett et l'entente de la famille...

« ... Une circonstance, qui avait surgi dans l'existence de Scarlett au moment de sa rencontre avec Isaure, facilitait son aveuglement : elle était amoureuse. Elle avait noué une liaison avec l'assistant du professeur Horst, un pâle jeune homme qui siégeait fréquemment à la place de son patron au jury du prix du Spectacle universel. Et cette aventure tournait, contre toute attente, à la passion...

« Je dis *contre toute attente* car Rodolf, le jeune homme en question, ne semblait ni particulièrement épris, ni doté d'une puissance physique ou intellectuelle qui expliquât l'obsession amoureuse de Scarlett. Grand, maigre, évanescent, c'était un animal à sang froid. Il fuyait les responsabilités et vivait à Rome par hasard, car il ne s'y trouvait ni mieux ni pire qu'ailleurs. Du moins le prétendait-il avec une coquetterie de blasé. D'origine viennoise, il souffrait de ce mal de vivre, qu'en 1830 on eût appelé le mal du siècle. Sans ambition, sans illusion, il incarnait un certain type d'amant romantique, très éloigné du *Latin lover*.

« Je suppose que vous qualifieriez de chant du cygne l'attachement de Scarlett pour ce garçon mystérieux, insaisissable, d'une dizaine d'années plus jeune qu'elle : la dernière aventure d'une bourlingueuse qui avait choisi de ne s'attacher à nul autre qu'à ses filles.

Le salon des petites vertus

« Que voulez-vous, à quarante-sept ans, Scarlett avait ce Rodolf dans la peau !

« Il se laissait aimer, comme il laissait aller toute chose... En soulignant néanmoins, avec honnêteté, sa complète indifférence pour la vie de couple, son dédain pour le cercle de famille et les tablées d'enfants.

« Mais errer la nuit avec une femme, main dans la main dans les rues de Rome, discuter interminablement de problèmes existentiels aux terrasses des restaurants, s'aimer dans les auberges du Trastevere, tous ces bonheurs, Rodolf se proposait de les partager avec Scarlett.

« Ce goût pour la vie "dehors" lui convenait : elle ne désirait pas plus installer Rodolf chez elle que Louise et Juliette ne voulaient se promener avec Rodolf le dimanche. Sur ce point, tout le monde s'entendait et Scarlett ne mélangeait pas ses amours à la vie de ses filles. Cette partition de son temps compliquait considérablement son existence. Les jours, les nuits ne comptaient plus assez de minutes pour qu'elle puisse conjuguer son travail, son amant, ses enfants...

« Aussi, quand Isaure lui proposa de s'installer dans le débarras du fond pour veiller sur Louise et Juliette sans que Scarlett ait à s'inquiéter de l'heure tardive, cette dernière accepta avec joie.

« Dans un premier temps, Isaure ne resta dormir piazza Dante que les soirs où Scarlett sortait. La chose ne posait aucun problème : la Benegui n'habitait pas avec son mari, qui vivait cloîtré chez les Franciscains. L'ordre des Vierges consacrées louait pour elle un modeste studio dans le centre historique. Elle le conserva encore quelques mois. Mais cette dépense lui parut bientôt inutile, du *gâchis*, mot qui résumait à ses yeux tout mouvement et toute chose dont on peut se passer. Elle déménagea chez les Bonnel avec armes et bagages. Un missel, une bible, quelques dictionnaires, une vingtaine de livres de théologie... Cette installation déplaça peu d'air et se fit à peine sentir.

« La place, chez Scarlett, ne manquait pas. L'appartement, au troisième étage d'une ancienne académie de peinture, était typique de certains appartements romains : haut de plafond, vétuste et vide. Un interminable couloir reliait les pièces entre elles. Par les fenêtres qui donnaient sur le *cortile*, on entendait les pigeons voleter.

« L'arrivée d'Isaure ouvrit une ère nouvelle.

« Les chambres bruissaient du cliquetis familier des assiettes, tandis que la cafetière chantait dans la cuisine. Le pas familier d'Isaure enfilait le couloir, suivi d'un fumet de tomate, de basilic et de pain chaud... *Casa* !

« Finis les petits déjeuners debout au comptoir des cafés, les dîners interminables dans les pizzerias bondées : Isaure préparait à Louise ses plats favoris et poussait le cocooning jusqu'à lui porter les plateaux dans son lit. Couchées côte à côte, appuyées aux mêmes oreillers, elles regardaient ensemble la télévision jusqu'au matin.

« Quant à la petite Juliette, elle introduisait — en silence — son prétendant à la maison, un amoureux d'une vingtaine d'années, qu'elle avait rencontré à la sortie du lycée. Scarlett n'en voulait à aucun prix. Oisif, le garçon sillonnait le Latium en moto, sans casque, comme tous les Romains, emportant Juliette cheveux au vent derrière lui. Tous deux se glissaient la nuit dans sa chambre.

— À douze ans ? Votre Isaure était une inconsciente, interrompit l'une des auditrices.

— Une véritable dévergondée, vous voulez dire ! renchérit la princesse Damiani.

— Les grands mots, tout de suite les grands mots, ironisa Émilie. Non, mesdames, je ne pense pas qu'Isaure encourageât sciemment la petite Juliette à perdre sa vertu, comme elle l'avait perdue elle-même au même âge... Disons seulement qu'Isaure regardait la télévision et qu'elle n'entendait rien. Juliette le lui avait d'ailleurs présenté, son "grand amour". La Benegui l'avait trouvé charmant. Elle ne voyait donc aucun inconvénient à ses visites. Pourvu qu'elles restent courtes et que Scarlett n'en sache rien. Sur ce dernier point, qu'Isaure n'avait pas formulé, toutes tombaient d'accord.

« Le secret, le silence et la paix.

« Quand Scarlett rentrait de son travail, elle trouvait la table mise et la maison pacifiée. Plus de scènes. Plus d'explications, plus de cris, plus de larmes : l'harmonie retrouvée grâce à Isaure ! Mère et filles communiaient dans la même passion, la même gratitude pour l'ancienne religieuse. Isaure n'obtenait-elle pas de Louise ce qu'elle-même n'avait jamais pu obtenir : qu'elle travaille le soir, qu'elle fasse un effort, qu'elle améliore ses résul-

Isaure ou la vertu intérieure

tats ? Les contrôles à l'école demeuraient certes catastrophiques, mais Louise rendait régulièrement ses devoirs, progrès dont la félicitaient ses professeurs. Et Scarlett, rassurée, fondait de reconnaissance.

« La vérité, bien sûr, était qu'Isaure faisait les devoirs à la place de Louise.

« Comment Scarlett eut-elle enfin l'intuition qu'Isaure corrompait ses enfants ? Qu'Isaure captait leur amour ? Qu'Isaure les montait contre elle ?

— Votre récit me semble très tendancieux ! s'interposa vivement la pieuse Mme Brissi. Louise et Juliette ont eu beaucoup de chance en rencontrant Isaure, oui, beaucoup de chance !

— Je devine ce qui pend au nez de la petite Bonnel, intervint la princesse Damiani. C'est bien fait ! Quand on a des enfants, on s'en occupe !

— On ne prend pas d'amants ! approuva la troisième.

Ignorant les commentaires, Émilie poursuivit :

— Une fois pourtant, au tout début de la cohabitation, Scarlett avait entrevu le danger...

« Alors qu'elle était revenue chez elle à une heure où on ne l'attendait pas, elle surprit Isaure, couverte de ses bijoux dans la salle de bains, avec son slip et son soutien-gorge de dentelle — sa propre lingerie ! —, qui s'aspergeait à grands coups d'atomiseur avec son parfum. Devant ce spectacle, Scarlett resta pétrifiée sur le seuil.

« Loin de s'excuser, ou seulement de rougir, Isaure prit Scarlett à témoin et se moqua du ridicule qu'elle venait de se donner... *J'espère que je n'ai*

61

Le salon des petites vertus

pas élargi ton petit ensemble rose ! *À toi, ce genre de chose va tellement bien.* Si Isaure avait réagi différemment, avec moins de naturel, moins de simplicité, Scarlett aurait été terrifiée par l'incongruité du spectacle. Mais Isaure se rhabilla tranquillement. Elle rangea les écrins, referma les tiroirs... Et partit faire ses oraisons dans son réduit.

« Perplexe, Scarlett demeura plantée devant la glace, face à sa propre image. Mais elle ne se voyait plus. Elle voyait Isaure. La Benegui avait changé ces derniers mois ! Était-elle malade ? Avait-elle fait un régime ? Scarlett détaillait mentalement le corps d'Isaure, qui n'avait pas été déformé par les maternités. Elle était restée miraculeusement jeune. Avec ses longs cheveux, que Scarlett n'avait jamais vus dénoués, Isaure ressemblait à la jeune fille d'autrefois, la fée à la chevelure de lin.

« ... De cette vision, Scarlett conclut qu'en dépit de l'idée déplorable qu'elle avait de son apparence Isaure n'avait pas renoncé à l'envie de plaire. Elle se promit donc de l'aider à reconquérir sa féminité, en lui offrant des colliers, de jolis dessous — toutes les armes de la séduction, puisque Isaure en éprouvait le désir...

« Désir fugitif : la Benegui, fidèle à son personnage, retourna à des aspirations plus spirituelles et redevint terne.

« De nouveau, elle affichait un dédain proche du mépris pour la coquetterie : *Du gâchis, en ce qui me concerne. Car toi, Scarlett, ce n'est pas la même chose : tu es naturellement gracieuse et les colifichets te rendent plus séduisante encore.* Scarlett oublia donc cette image

Isaure ou la vertu intérieure

d'Isaure en petite culotte de dentelle. Il n'en fut plus question. À quelques détails près. Isaure continua de se parfumer avec le flacon de Scarlett. Une discrète senteur de rose flottait dans l'appartement quand la maîtresse de maison ne s'y trouvait pas. Elle imprégnait le salon, le couloir, les chambres. On la retrouvait partout : Scarlett elle-même finissait par ne plus reconnaître son odeur. Elle s'habitua, sans autre difficulté, à cette nouvelle et subtile usurpation.

« La seconde scène entre les deux femmes eut lieu plus tard et revêtit une tout autre importance.

« Une atmosphère étrange régnait depuis des mois. Murmures et chuchotements, confidences et cachotteries. Un univers de femmes cloîtrées qui préparaient la révolution...

« Ce jour-là, Scarlett avait rencontré l'un des professeurs du lycée. Il l'avait entreprise dans la rue, se désolant qu'elle ait retiré Louise de sa classe, au moment où cette dernière semblait enfin progresser. L'adolescente manquait depuis la fin du dernier trimestre... trois mois.

« — Retirée du lycée ? En seconde ? Jamais !

« Scarlett se rendit droit chez le proviseur. Il lui montra un certificat médical, avec une lettre signée *Scarlett Bonnel* qui expliquait que, du fait de son état de santé, sa fille Louise suivrait désormais les cours par correspondance du CNED.

« Scarlett fut d'autant plus atterrée que Louise produisait des carnets scolaires à l'en-tête de l'éta-

Le salon des petites vertus

blissement, qu'elle lui faisait parapher chaque semaine.

« La mère ne comprenait plus sa fille, mais elle la connaissait ! Elle la savait d'une nature droite, honnête. Se pouvait-il qu'elle ait changé à ce point ? Jamais Louise n'aurait pu, n'aurait *su* combiner une telle tromperie ! Elle était incapable de pareille machination. Seule, elle n'aurait pas osé.

« Les carnets scolaires trafiqués, la lettre au proviseur, la fausse signature étaient de la main d'Isaure... Scarlett en eut l'intuition dans la seconde. L'état de fureur dans lequel elle rentra chez elle, je vous le laisse deviner.

« Mise en demeure de s'expliquer, Louise nia furieusement toute participation de la Benegui. Elle la défendit bec et ongles et prit la faute sur elle. Isaure ne savait rien ! Louise était la seule coupable ! Non, elle ne voulait plus aller au lycée, oui, elle voulait rester à la maison, travailler par correspondance ! D'ailleurs elle réussissait beaucoup mieux. Scarlett n'avait qu'à regarder ses notes...

« Isaure se garda d'interrompre les violentes explications entre mère et fille. Face à Scarlett, elle s'accusa elle-même de tous les maux : de sa bêtise, de sa négligence. Elle se reprocha si furieusement son aveuglement que Scarlett perdit toutes ses certitudes. Elle finit par lui présenter des excuses : elle l'avait soupçonnée injustement.

« Mais la confiance ne revint jamais piazza Dante...

Isaure ou la vertu intérieure

« On convint que Louise terminerait sa classe de seconde par correspondance et qu'elle retournerait au lycée l'année suivante. Isaure triomphait : elle avait Louise entièrement pour elle. Afin de s'occuper de l'adolescente et de la faire travailler, elle renonça aux cours de catéchisme qu'elle dispensait dans de nombreuses paroisses de Rome.

« En apparence, la vie de l'appartement avait repris son cours.

« Dehors, les rapports de Scarlett avec Rodolf s'aigrissaient : elle vivait dans la peur de le perdre. Une question de semaines, de jours, avant d'être abandonnée. Scarlett se sentait vieille et vulnérable. Cette angoisse lui fit écarter les questions qu'avait soulevées le rôle d'Isaure dans l'affaire du lycée.

« Ce fut ce moment que choisit Isaure pour frapper le coup qui mettrait définitivement les petites de son côté, en cas de conflit.

— Savez-vous que j'ai connu votre papa quand j'avais votre âge ? Il était très beau.

« Rêve ? Ou réalité ? Isaure et Scarlett avaient grandi dans les mêmes milieux. Il n'était donc pas impossible qu'Isaure (qui avait fréquenté beaucoup de messieurs dans sa jeunesse) ait rencontré le garçon qui allait un jour devenir l'époux de Scarlett...

« Pressée de questions par les petites, Isaure finit par leur avouer qu'elle l'avait non seulement connu, mais qu'elle l'avait aimé, comme on aime à quinze ans. Oh, le père de Louise et de Juliette ne se souvenait sûrement pas d'elle aujourd'hui ! Ils s'étaient perdus de vue depuis si longtemps ! Mais

Le salon des petites vertus

Isaure parlait de lui d'une voix émue. Elle le décrivait comme le merveilleux jeune homme qui avait été la passion de sa jeunesse. Une passion silencieuse, pleine de pudeur, une passion enfantine qui était restée secrète et devait le demeurer.

« Aux yeux des adolescentes, cette coïncidence, ce nouveau lien donnèrent à Isaure la légitimité qui lui manquait. L'amour d'Isaure pour leur père justifiait leur affection et gommait leur vague sentiment de culpabilité à l'égard de Scarlett. Au fond, Isaure aurait pu être leur mère. Isaure était *presque* leur mère...

« — Et si nous lui écrivions ? proposa la Benegui.

« — À papa ? demandèrent les enfants.

« — Bien sûr, à votre père.

« Elles firent mieux : elles lui téléphonèrent.

« Ainsi commença, sans que Scarlett en fût jamais informée, le plus étonnant des dialogues à distance entre père et filles.

« Je vous rappelle que les rapports de Scarlett avec son ancien mari avaient été très perturbés par un interminable divorce, par la lutte des deux partis pour la garde des enfants. L'éloignement de Scarlett, son déménagement à Rome avaient cependant calmé les tensions, laissant au père l'espace dont il avait besoin pour reconstruire sa vie. Un second mariage lui avait donné deux autres petites filles. S'il rêvait de regrouper autour de lui sa famille à Paris, il ne songeait plus à reprendre de force Louise et Juliette, qu'il voyait durant les vacances scolaires.

« Mais tout changea à nouveau.

« Les coups de fil répétés de Louise, les bribes d'informations que laissaient filtrer les récits de Juliette réveillèrent en lui les craintes et les querelles des mauvais jours : Scarlett semblait aussi incapable de s'occuper de ses enfants qu'elle l'était de tenir une maison ! Obsédée par ses plaisirs, elle abandonnait Louise et Juliette, pour se consacrer à ses amours avec un greluchon plus jeune qu'elle... Elle se révélait d'une amoralité confondante — amoralité doublée d'un anticléricalisme primaire : les petites n'avaient obtenu que de haute lutte l'enseignement religieux auquel tenait leur père. Ce qu'il avait redouté au moment de la séparation se confirmait ! Son ex-épouse ne présentait aucune des qualités qui auraient fait d'elle une *mère*.

« Par habitude professionnelle — il était avocat —, il prit le temps d'enregistrer sur un magnétophone ses conversations téléphoniques avec ses enfants. De leurs propos ressortait que Scarlett n'était jamais présente ; que, livrées à elles-mêmes, les petites éprouvaient le besoin de l'appeler jour et nuit.

« — Ne t'inquiète pas pour nous, papa, le rassurait Juliette. C'est vrai que maman sort beaucoup. Mais il y a son amie Isaure à la maison. Elle est formidable. Elle s'occupe de nous. Elle nous aime...

« Isaure n'intervenait pas dans ces conversations : elle se contentait de choisir — en toute innocence — le moment des coups de fil. Elle les suggérait après une interdiction, une dispute avec leur mère, quand les petites étaient furieuses ou tristes.

Le salon des petites vertus

Elle orientait peut-être leurs récits vers les quelques détails qui donneraient une impression déplorable de la conduite de Scarlett. Mais elle ne prenait pas le combiné et ne parlait jamais au père.

« Depuis que sa passion — sa fascination — pour la bouillonnante personnalité de Scarlett s'était reportée sur ses filles, Isaure éprouvait envers son ancienne amie, qu'elle ne manquait pas de recommander à la miséricorde divine, une pitié bien plus proche de l'apitoiement et du mépris que de la compassion. *Pauvre Scarlett*, dont l'indignité n'avait d'égale que la richesse des deux trésors à ses côtés... *Et pauvres, pauvres petites* : Isaure suppliait le Seigneur qu'Il lui accorde la grâce de les protéger, de les sauver des errances, des tâtonnements de cette *pauvre* mère égarée. Isaure leur voulait tant de bien ! Assise dans sa chambre, le visage baigné d'une joie profonde, elle remerciait le Seigneur pour cet amour donné, pour cet amour reçu, et souriait en entendant les petites expliquer au téléphone qu'elles devaient leur bonheur à Isaure. Et la paix dans leur cœur... Tout — elles lui devaient *tout*.

« Avec ferveur, Isaure priait alors la Vierge Marie, afin qu'Elle lui donne le pouvoir d'éveiller l'âme de ces chères enfants à la vie spirituelle, qu'Elle lui donne le pouvoir d'accomplir sa mission auprès d'elles. Oui, que la Madone lui donne le pouvoir de faire comprendre au père les véritables besoins de Louise et de Juliette.

Isaure ou la vertu intérieure

« Comment Scarlett découvrit-elle cet invraisemblable réseau de complications qui se nouait autour de ses filles, de leur père et des relations familiales ? Très simplement. Par les notes de téléphone. D'ordinaire, l'ancienne religieuse lui présentait l'ensemble des comptes, après en avoir traqué la dépense inutile et l'affreux gâchis. Cette fois, la facture tomba sous ses yeux avant qu'Isaure ne s'en empare. La fréquence du même numéro en France attira son attention.

« — Pourquoi appelez-vous votre père cinq fois par jour ?

« — Isaure nous le permet, répliqua Louise.

« — Que veut dire cette phrase ?

« — Rien... Isaure nous le permet, c'est tout.

« — Mais enfin, de quoi se mêle-t-elle ? grommela Scarlett.

« — De notre bonheur.

« — ... Des futures vacances avec papa, intercéda Juliette, des années prochaines...

« — De quel droit ? gronda Scarlett. De quel droit ? répéta-t-elle dans un cri de révolte.

« Elle venait de prendre la mesure de ce qu'elle savait depuis l'incident de la fausse lettre qui autorisait Louise à quitter le lycée : *De quel droit Isaure prenait-elle de pareilles initiatives, de telles responsabilités ?*

« Scarlett, responsable, elle, d'une situation qu'elle avait acceptée par facilité, maintenue par intérêt et par négligence, réagit enfin :

Le salon des petites vertus

« — Ça suffit comme ça ! Enfilant le couloir, elle marcha droit vers la chambre d'Isaure. Cette femme doit partir.

« Avant que les filles puissent l'en empêcher, Scarlett était entrée.

« La violence de la scène qui suivit fut sans égale. Un pugilat. Mais si les filles entendirent les accusations de Scarlett, elles ne perçurent pas les paroles d'Isaure. Peut-être s'expliqua-t-elle à voix basse. Ou bien laissa-t-elle pleuvoir les reproches, priant la Vierge qu'Elle lui donne la force de supporter cette épreuve ? Quoi qu'il en soit, Scarlett sortit très pâle de cette confrontation.

« Par la porte entrouverte, Louise et Juliette aperçurent Isaure qui faisait sa valise. Tête basse, elle sanglotait en y rangeant ses livres.

« Ce fut devant cette vision, cette image pitoyable, que les petites intervinrent. Faisant face à leur mère, elles lui barrèrent la route et dirent :

« — Isaure n'a rien fait de mal... Nous non plus... Si elle part, nous partons aussi.

« — Et où irez-vous ? demanda Scarlett froidement.

« — Si tu chasses Isaure, répondit Louise sur le même ton glacial, nous rentrerons à Paris et nous vivrons chez papa.

« — Isaure, renchérit Juliette, nous a dit qu'à notre âge nous pouvons demander à vivre avec lui. Elle nous a dit que nous en avions le droit...

« — Que devant un tribunal, nous l'obtiendrions...

Isaure ou la vertu intérieure

« — Papa a toutes les preuves contre toi, tous les témoignages.

« — Quelles preuves ? demanda Scarlett, abasourdie. Quels témoignages ?

« — Si tu chasses Isaure, elle racontera comment tu nous laisses toutes seules quand tu vas voir ton amant...

« — Papa fera en sorte que tu sois déchue de ton autorité parentale.

« — ... Mais si tu gardes Isaure... Louise eut une expression de mansuétude ineffable..., nous dirons que les conversations, enregistrées par papa, dépassent notre pensée et que nous sommes très contentes à Rome avec toi.

« Devant la duplicité de sa fille, Scarlett prit peur.

« Avant qu'elle ait eu le temps de se ressaisir, le destin l'enfonça dans son angoisse. On sonnait à la porte. Deux huissiers italiens lui remirent une enveloppe bleue : une assignation de justice au tribunal de Paris. Le père mettait à exécution les termes du marché prescrit par les filles.

« Il allait réellement lui arracher les petites.

Émilie d'Entraygue se tut, marqua une pause, et reprit en soupirant :

— ... Évidemment, Scarlett n'aurait jamais dû céder à pareil chantage. Mais le coup que lui assenaient Louise et Juliette fut si terrible, la douleur si fulgurante, qu'elle en demeura assommée. Elle n'eut pas la force de lutter. Elle aimait ses filles et pensa qu'elle les avait perdues. Elle avait perdu leur amour, leur confiance... Bientôt elle perdrait leur

Le salon des petites vertus

présence. Et Scarlett savait qu'elle ne pouvait pas vivre sans elles.

— Leurs menaces n'étaient que des coups bas dans un rapport de forces, raisonna la princesse Damiani, une révolte d'adolescentes ! Scarlett n'avait pas démérité au point de susciter leur haine : l'affection pour une mère reste un sentiment instinctif. Louise et Juliette ne *préféraient* pas Isaure.

— En les entendant, Scarlett pouvait en douter... Elle-même s'était sentie si coupable durant le temps de sa passion pour Rodolf, si coupable à leur égard, qu'elle crut en leur désamour : elle y reconnaissait le juste châtiment de sa propre conduite. L'acuité de sa souffrance et la conscience de sa faute lui ôtèrent toute combativité.

Émilie conclut d'une voix neutre :

— Elle est piégée... La cohabitation avec Isaure dure maintenant depuis plus de deux ans.

— Voulez-vous dire que Scarlett ne s'est pas défaite de la Benegui ?

— Elle en dépend. Scarlett n'a conservé la garde de ses filles qu'à ce prix : *Isaure*... La présence, le contrôle, la tutelle d'Isaure — jusqu'à la majorité des enfants — demeurent la condition *sine qua non* du nouvel accord juridique passé avec son ex-époux.

— ... Jusqu'aux dix-huit ans de Juliette ? Mais c'est un cauchemar ! À sa place, j'en serais malade.

— Abandonnée par Rodolf, au moment où ses enfants lui imposaient la vie commune avec cette femme, Scarlett tomba malade, en effet. Elle n'était

Isaure ou la vertu intérieure

pas sujette à la dépression : elle y sombra corps et âme.

— Isaure l'a soignée avec une abnégation totale, coupa Mme Brissi avec véhémence, elle l'a sauvée ! Il n'y a vraiment que vous pour dresser un tel portrait d'une personne dont la bonté est universellement admirée à Rome. Je vous trouve très injuste, chère Émilie, oui, très injuste ! Hier soir encore, j'entendais louer son dévouement : c'est Isaure qui a pris en charge les petites Bonnel durant la maladie de leur mère. Moralement. Financièrement. Elle a travaillé pour subvenir à leurs besoins, aux frais d'hospitalisation, à toutes les dépenses... Une dépression, croyez-moi, ce n'est pas une mince affaire !

Une lueur sarcastique passa dans le regard d'Émilie :

— Qu'Isaure ait apporté ses pilules à Scarlett matin, midi et soir sur un plateau, la chose est probable. Et que Scarlett ait finalement recouvré la santé par les soins d'Isaure, je vous l'accorde.

« Mais l'atmosphère du grand appartement de la piazza Dante a bien changé. Le père Guillaume, l'aumônier du lycée, y vient bavarder et prier le samedi soir, au pied d'une grande statue de plâtre bleue : la Vierge, qu'Isaure a dressée dans le salon. La cuisine sert de lieu de rendez-vous aux diacres du Séminaire français : ils y prennent leur café, à la sortie de la messe à Santa Maria Maggiore.

« Si Louise et Juliette y trouvent leur compte, je ne saurais vous le dire. En dépit d'une vie simple, d'une existence confinée, et de la spiritualité du cercle d'Isaure — une austérité très éloignée du monde des prélats et du faste des ambassades —, elles ont la bride sur le cou et semblent satisfaites. La piété de l'aînée est de notoriété publique. Sur les traces d'Isaure, elle désire entrer dans les ordres. La cadette passe pour un brillant sujet au lycée, bien qu'elle n'ait pas très bonne réputation. Comme Isaure à son âge, je suppose... Quant à Scarlett...

— D'où tirez-vous ces détails ? Vous vous lamentiez, au début de votre récit, de l'avoir perdue de vue !

— Je vous avais dit que je sortais d'un triste spectacle : j'arrive de la piazza Dante ! C'est la Benegui elle-même qui m'a priée de rendre visite à Scarlett, espérant que j'use de mon influence pour l'inviter à prendre soin de sa personne. Elle n'a pas repris son travail et garde des séquelles de sa dépression. Elle ne s'habille plus. Cette femme que j'avais connue à la pointe de la mode se moque de l'effet qu'elle produit. Conséquence des médicaments dont on la bourre ? Elle a beaucoup grossi... Les traits tirés, les cheveux gris. Elle parle peu, ne s'intéresse pas à grand-chose. En dehors des allées et venues de ses filles, qu'elle surveille. Et des agissements d'Isaure, qu'elle épie du fond de son salon. À cinquante ans, elle mène, dans ses plus infimes détails, l'existence qu'elle exècre.

— Qui vous dit qu'elle ne s'est pas prise d'un goût tardif pour la vie au foyer ? ironisa la princesse Damiani.

Isaure ou la vertu intérieure

— Je la croirais plutôt dévorée par une jalousie, une haine qui minent sa volonté, annihilent ses goûts et son instinct vital. Elle ne peut s'opposer de front à la présence de la Benegui. Elle lui résiste donc avec des armes plus subtiles. Elle occupe son terrain, comme Isaure avait naguère occupé le sien, grignote son espace et l'envahit.

« J'ai vu, dans la chambre de Scarlett, des ouvrages de théologie... Elle lit furieusement le Nouveau et l'Ancien Testament, tous les textes de philosophie religieuse si chers à la Benegui. Elle assiste aux assemblées, aux retraites, aux séances de méditation ; s'interroge sur la place de l'hérésie dans l'histoire de l'Église, réfléchit sur le "désespoir positif" et la "valeur du doute" : le père Guillaume la dit aussi calée qu'Isaure. Il dit même que, selon lui, l'érudition de Scarlett Bonnel dans certains domaines dépassera bientôt celle d'Isaure Benegui. Connaissant la soif de pouvoir d'Isaure, je doute que cette idée lui plaise ! Quelle place lui restera-t-il si Scarlett verse dans la *vie intérieure* ? Jolie reconquête du pouvoir et belle vengeance de femme, ce nouveau renversement des rôles, non ?

— Vous pensez vraiment que Scarlett réussira à se débarrasser de la Benegui d'une manière aussi... La princesse Damiani hésita sur le choix de l'adjectif... aussi tordue ?

— Je le lui souhaite, car je ne vois pas comment elle s'en défera autrement.

— Pourquoi vous obstinez-vous à nier que Scarlett ait trouvé sa voie dans l'amour du Seigneur ? L'influence bénéfique d'Isaure l'a mise sur le chemin de la Vérité ! s'insurgea Mme Brissi. Dieu peut tout sur un cœur, ici, à Rome, plus encore qu'ailleurs ! Sauf votre respect, chère amie, en nous racontant cette histoire, vous passez à côté de l'essentiel.

— Scarlett Bonnel aurait été touchée par la grâce ? Allons donc !

Réfléchissant un instant, Émilie rectifia sa pensée :

— Et pourtant !... Je ne serais pas étonnée que l'union de Scarlett et d'Isaure ne se rompe jamais... Pas même lorsque leur passion commune pour les filles de Scarlett les abandonnera. Un lien indestructible.

— Voulez-vous dire qu'elles continueront de cohabiter quand Louise et Juliette auront quitté la maison ? demanda la princesse.

— Pourquoi pas ? Sur le parvis du palazzo della Cancelleria, le père Guillaume avait eu le mot de la fin, avant que les deux femmes se lient. N'avait-il pas dit qu'Isaure et Scarlett se ressemblaient ? Comment imaginer que Scarlett ait appartenu au jury du prix du Spectacle universel et qu'elle ait accepté de participer à la cérémonie du rosaire *par hasard* ? Le ver était dans le fruit, si j'ose dire ! Qui sait si, dans quelques années, Rome ne citera pas en exemple la bonté de *cette sainte femme : une belle âme et un grand esprit*... Scarlett Bonnel. On louera peut-être sa générosité envers la pauvre vieille Benegui, une religieuse qu'elle avait recueillie sous son toit, lui offrant le gîte, le couvert... Et *l'amour* ! L'amour de ses enfants. Scarlett ne lui a-t-elle pas fait le plus fabuleux des présents ? La maternité.

— Votre cynisme, vos sarcasmes me dépriment !

— Pourquoi ? Je vous prédis qu'Isaure et Scarlett ne se quitteront pas : c'est une belle histoire de fidélité que je vous propose là. Elles vieilliront de concert et se dévoreront l'une l'autre jusqu'au bout.

— Je soutiens, moi, intervint la princesse Damiani, que leur situation est insupportable, qu'elles se sépareront bien avant la majorité des filles...

— Les paris sont ouverts, plaisanta Émilie. Une caisse de champagne et un dîner au Dal Bolognese... Je vous invite piazza del Popolo, pour un souper à mes frais. Ou aux vôtres, princesse... Disons en l'an 2020... Émilie esquissa un sourire. Ce sera pour moi la date limite : près de quatre-vingt-dix ans... Nos héroïnes, qui ne seront guère plus fraîches, auront eu le temps de résoudre leurs petites affaires.

Sur ces paroles, les *salottiere* se tamponnèrent les lèvres, jetèrent leurs serviettes et quittèrent la table : on étouffait sous le ciel de Rome !

Bien des années plus tard, au début d'une nuit d'été, deux vieilles dames dînaient à la terrasse de l'un des plus luxueux restaurants de la ville. À cette heure, les trois églises de la place — Santa Maria del Popolo, Santa Maria in Miracoli, Santa Maria in Monserato — sonnaient les vêpres : une volée de cloches qui se confondaient avec la musique d'un film, une reprise du célèbre *Fulmine* dont le générique montait au loin, sur l'écran tendu contre la porte de la ville.

— Vous aviez vu le film à sa sortie, n'est-ce pas ?

Les deux dames s'étaient assises tout près l'une de l'autre, car elles s'entendaient avec difficulté.

— ... Si vous chaussiez vos lunettes, poursuivit Émilie, vous pourriez apercevoir là-bas deux noms minuscules, parmi des centaines d'autres : Scarlett Bonnel et Isaure Benegui... vous souvenez-vous ?

— Vous me croyez gâteuse ? rétorqua la princesse Damiani. Je n'ai pas oublié notre pari... Alors ?

— Alors, il y a beau temps que nous aurions pu dîner ici ! Leur histoire s'est dénouée en France, l'année du Jubilé, quelques mois après que je vous en eus fait le récit... Je n'en avais rien su.

— Et... qui paiera ce soir ? demanda la terrible Damiani que l'âge avait rendue près de ses sous. Vous ? Moi ?

— ... Elles se sont tuées dans un accident de voiture. Nul n'a compris comment. La route était droite... Il n'y avait pas de virage, pas d'arbre... On a pensé que la direction avait lâché, un vice de fabrication dans le véhicule. C'était Scarlett qui conduisait... Trop vite probablement, et très mal... Émilie poussa un soupir. Je vous l'avais dit, qu'elle avait un handicap ! Qu'elle cassait tout ce qu'elle touchait, qu'elle n'était pas « manuelle » ! Les machines lui résistaient... Une ombre passa sur le visage d'Émilie d'Entraygue. A-t-elle trouvé ce moyen, le seul moyen radical, pour se débarrasser d'Isaure ? Dans ce cas, elle s'en est libérée bien avant la majorité de Juliette, comme vous l'aviez prévu.

— J'ai gagné, donc ?

— Si vous visitiez le caveau de famille de Scarlett, vous trouveriez, incrusté dans le marbre, un monogramme que ses filles ont fait dessiner : deux *B* qui s'entrelacent sur une pierre tombale... Tels les amants de légende, Bonnel et Benegui, enfermées au fond du même tombeau, reposent ensemble. Pauvre petite Scarlett : envahie jusque dans l'éternité !... Partageons l'addition, voulez-vous ?

Masq. d'Économie.
Masq. Désintéressement.
Masq. de Sincérité.
Masq. de douceur.
Masq. de Fidélité.
Masq. de Charité.
Masq. de Constance.
Masq. de Modératio.
Masq. de Devotion
Masq. de Complaisance

Angelica
ou
la vertu quand même

— Avec la princesse Pietrangeli vient de s'éteindre la dernière femme fatale, lança Émilie en accrochant les manteaux de ses convives à la patère de l'entrée... « Fatale » au sens du *fatum* latin, bien sûr, le destin.

Ces dames revenaient du service funèbre qui avait réuni la bonne société à Sainte-Agnès in Agone, l'église d'en face. Par cette froide après-midi de novembre, elles s'installaient dans le salon, devant un feu de cheminée.

— Autrefois, lorsque j'allais goûter au palais Pietrangeli, renchérit la plus jeune de la bande, une causeuse qui fêtait ses trente ans depuis deux décennies, je ne répondais pas seulement à l'amitié de Béatrice, *Béa* ma camarade de classe qui m'invitait chez elle, mais à mon désir de rencontrer la princesse Angelica, sa mère...

— Angelica était une dame, et les enfants sentent ces choses-là ! approuva Émilie. Quant à votre condisciple Béa, voulez-vous que je vous dise ? Elle est aussi froide, aussi dure que sa mère était digne

Le salon des petites vertus

et courageuse. Pas une fois elle n'a rendu visite à notre pauvre amie durant sa terrible maladie ! Angelica ne se plaignait pas de sa conduite. Elle prenait même la défense de sa fille contre ceux qui la réprouvaient, notamment contre Immacolata, le seul enfant de Béa... Je dois avouer que le chagrin d'Imma devant le cercueil de sa grand-mère m'a émue ! Voilà une femme que Rome va regretter ! Même son gendre semblait inconsolable...

La d'Entraygue marqua une pause avant de conclure avec une affectation d'innocence :

— Je me demande tout de même si la chère Angelica n'aurait pas commis une petite maladresse... en mariant de force sa fille à son propre amant.

Son interlocutrice gloussa :

— Rome colporte ce potin depuis vingt-cinq ans... Vous y croyez ?

— Je ne crois rien, susurra la d'Entraygue. Je sais seulement que les princesses Pietrangeli sont filles et maîtresses de cardinaux depuis des siècles. Qu'à la Renaissance leurs maris les faisaient assassiner. Que les chroniques italiennes regorgent des récits d'incestes perpétrés par leur famille. Et qu'à toutes les générations les femmes de la lignée s'empoisonnent l'existence jusqu'au meurtre. Ainsi le veut leur tradition. Mais je reconnais que ce sont là de très lointains souvenirs ! L'aristocratie romaine a changé.

— Vraiment ?

— Insinueriez-vous le contraire ?

Émilie, complice, cligna de l'œil. À ce signal bien connu, l'ancienne condisciple de Béa Pietrangeli put commencer.

« Durant toute notre scolarité, l'indiscipline et la fantaisie de Béa firent le désespoir des religieuses françaises de l'institution Saint-Dominique qui l'auraient volontiers mise à la porte, si elle n'avait été alliée par son père et sa mère à toutes les familles patriciennes... Vous la trouvez dure aujourd'hui ? Moi, je l'ai connue tout autre ! Gentille, directe, presque trop spontanée, elle ne cherchait qu'à s'amuser, entraînant toute la classe dans ses bêtises. Ce n'était pas une enfant difficile. Seulement une petite fille dont l'énergie ne trouvait pas d'exutoire. Qui le croirait, en rencontrant cette femme sèche et conventionnelle que nous connaissons aujourd'hui, ce *cold fish* dont vous parliez tout à l'heure ? Elle avait quelque chose de gourmand dans le regard, de vivant, d'intensément vivant ! Elle aimait alors l'existence au grand air, les animaux, la nature. Et par-dessus tout les sucreries, dont elle faisait une consommation immodérée.

« Derrière ce tempérament en apparence dénué de complication, Béa dissimulait peut-être ses passions. Notamment son admiration pour sa mère. Vous l'accusiez d'indifférence ? Quand j'étais son amie, Béa l'adorait. Elle trouvait Angelica si belle, si sage, si... parfaite ! Un idéal qu'elle ne pouvait atteindre.

« D'après ce que j'ai compris, Angelica restait une mère "à l'ancienne" qui accepte le baiser du soir, prononce une parole aimable au coucher et contrôle les bulletins scolaires en écoutant les rapports de la gouvernante. À l'inverse des femmes de sa génération, elle insistait beaucoup sur ce dernier point : le *savoir*. Elle-même avait fait des études qui l'avaient sortie tardivement de son milieu.

« Née princesse della Bella, à une époque où les jeunes filles de bonne famille ne fréquentaient pas l'université, mariée à dix-huit ans avec son cousin issu de germain, Fabrizio Pietrangeli, fasciste de la première heure, Angelica n'avait pu fréquenter la faculté d'histoire de l'art qu'à la fin de la guerre, après la naissance de sa fille.

« Chose rarissime chez une Italienne, elle professait le plus total mépris envers ce qui vagissait dans un berceau. Elle ne trouva donc aucune difficulté à laisser son bébé pour voyager. Elle travailla dans les archives de toutes les villes d'Italie ; publia une dizaine d'articles sur un peintre caravagesque du XVIIe siècle ; soutint sa thèse, en un temps record, auprès d'un jury exclusivement composé de son professeur, dont elle était l'élève favorite et très probablement la maîtresse.

« La *principessa* ne donna cependant aucune prise à la critique et sa conduite envers Béa demeura exemplaire. Elle n'était pas de ces femmes irresponsables qui, par paresse ou par indifférence, confient leurs enfants à de médiocres nurses. Elle renvoya l'une après l'autre douze *nanies*, qu'elle avait jugées aussi incultes qu'incapables. Quant aux relations de la petite avec son père ? Néant. D'une manière générale, le prince Fabrizio — Fafa — était un imbécile. Sorti de la chasse au buffle en Afrique, il ne s'intéressait à rien et fermait les yeux sur les cornes qui ornaient son propre front. Il laissait sa femme reine chez elle et se félicitait bruyamment qu'elle ait confié à un grand historien le soin d'établir le catalogue scientifique de leurs possessions : six Rubens, douze Van Dyck et deux Vélasquez... Les trésors que représentent ces merveilles entassées dans les salons des grandes familles romaines sont aujourd'hui connus. Mais dans les années soixante, l'aristocratie n'en mesurait pas l'importance. Je dois rendre à Angelica cette justice qu'elle fut la première à faire dresser un inventaire du patrimoine des Pietrangeli et qu'elle eut le mérite de préserver intact l'ensemble de la collection de tableaux.

« Béa fêtait son douzième anniversaire quand sa mère commença véritablement à prendre conscience de son existence.

« En dépit de son excès de poids, mon amie présentait alors un aspect des plus flatteurs. Tout chez elle évoquait la puissance de la *Sibylle*, peinte par Michel-Ange au plafond de la loggia du palais Pietrangeli : ses longs cheveux noirs, ses sourcils très arqués, sa haute taille... Plus étonnant encore : Béa ressemblait à son aïeule, la parricide Beatrice Cenci, dont le portrait, d'après Guido Reni, trônait dans le *gabinetto* d'Angelica. Elle promettait de devenir une belle plante, le type de l'Italienne voluptueuse dont le tempérament s'opposait en tout point à la minceur, à la blondeur et à la finesse de la principessa.

« Jugeant peut-être qu'elles formaient ensemble un couple des plus intéressants, Angelica conduisit sa fille dans les musées de Paris et de Londres : la petite adora cette plongée au cœur du monde maternel. Elle s'avéra pourtant trop immature pour soutenir un véritable échange et l'expérience se limita aux vacances de Pâques. Le corps et l'esprit n'étaient pas prêts. Béa devait mûrir encore quelques années, avant que sa mère s'attaque à sa formation et fasse son bonheur. On la renvoya au fond du palais de la piazza Campitelli durant la semaine ; dans la villa de l'île de Medusa le week-end.

« Quand Béa passa en classe de troisième, elle prit enfin sa place dans le boudoir de sa mère, le fameux *gabinetto* des dames Pietrangeli. Elle avait alors quatorze ans. Ce fut à cette époque que je me rendis très régulièrement chez elle pour le goûter avec la principessa.

« La montée à l'étage noble du palais demeure un souvenir terrifiant.

« L'immense escalier devenait complètement noir à partir de l'entresol. La rampe humide tournait autour d'une cour carrée où le vent s'engouffrait. Je tirais le cordon. Le galop de Béa résonnait alors sur les lointains dallages. La famille Pietrangeli, riche de tant de tableaux, n'avait pas un sou d'argent liquide : la domesticité se réduisait aux

Angelica ou la vertu quand même

nombreux gardiens qui veillaient sur leurs villas — les villas Pietrangeli — partout en Italie.

« Je suivais mon amie à travers l'enfilade des salons inhabités. J'apercevais, posés sur les consoles, entre les tentures rouges des fenêtres, une succession de grands cadres d'argent représentant la *principessa* avec le pape, la *principessa* avec la reine d'Angleterre, la *principessa* avec toutes les têtes couronnées d'Europe. Nos pas claquaient dans les galeries, nous longions les arcades de la loggia et finissions devant les portes dorées des appartements privés de la mère de Béa. Nous frappions doucement et le battant s'entrouvrait.

« À l'inverse de l'univers grandiose que nous venions de parcourir, le boudoir respirait la féminité. J'ose dire, avec du recul, que Casanova y eût trouvé son compte. Les rideaux de taffetas rose, les fauteuils médaillons, les miroirs formaient un ensemble qui invitait au bien-être.

« — Bonjour, mesdemoiselles, s'exclamait en français la principessa.

« Elle me tendait la main avec un regard complice qui me donnait à croire qu'elle trouvait un plaisir tout particulier à me voir.

« — Béa ne me parle que de toi, me dit-elle la première fois. Tu es aussi jolie que le portrait qu'elle m'a peint : je t'aurais reconnue entre mille !

« La malice qui voltigeait dans son regard, la chaleur et la force qui animaient le sourire, tout dans cette physionomie rayonnait.

« — ... Je crois que nous allons bien nous entendre, poursuivit-elle à mon intention. N'aimons-nous

Le salon des petites vertus

pas, toi et moi, la même personne ? Elle se tourna un instant vers sa fille, qu'elle enveloppa dans un regard de connivence. À trois, les sentiments partagés deviennent plus violents et plus savoureux.

« Je ne saurais vous dire si sa voix avait un timbre particulier. Mais c'était sur un ton si posé qu'elle égrenait ses aphorismes, un extraordinaire mélange de compliments et de clichés, de propos mondains et de maximes philosophiques, que chaque parole me paraissait d'une profonde sagesse.

« — L'amitié qui lie les jeunes filles de votre âge tient quelquefois dans la vie une place que vous ne mesurez pas... Prenez bien soin l'une de l'autre, mes chéries. Vous offrez un si charmant spectacle !

« À la vérité, je me sentais très troublée par le spectacle qu'elle offrait, elle. Je notais, j'enregistrais tout. La coiffure : les cheveux blonds aux épaules... Le tailleur : Chanel en reps de laine rose dont la jupe couvrait le genou... Les bijoux : l'alliance — seulement l'anneau de mariage — et le collier de perles... Je crois n'avoir jamais regardé une femme avec tant d'avidité : j'avais trouvé mon idéal, la projection de ce que je rêvais de devenir ! Je me surprends encore à imiter ses poses, le mouvement fluide de ses mains.

« Il faut imaginer ce que représente, pour des fillettes de quatorze ans, la rencontre avec une adulte dont la seule présence répond à toutes les questions. Nous cherchions désespérément des repères. L'Amitié ? L'Amour ? La principessa nous en offrait la plus claire des visions. La Beauté ? Le Pouvoir ?

Angelica ou la vertu quand même

La Passion ? Son sourire nous en parlait en vainqueur ! Elle avait en outre une façon de nous questionner qui nous renvoyait une image fort intéressante de nous-mêmes.

« En fait de confidences, je n'avais pas grand-chose à lui avouer. Mais quand le regard doré de la principessa se posait sur moi, j'avais l'impression que la mère de Béa *savait*. Elle connaissait les lois du monde. D'elle, j'allais apprendre la vie !

« Pour être ignorante, je n'étais pas naïve au point de ne pas reconnaître qu'elle professait, sur les grands sujets qui me tenaient à cœur, des idées aux antipodes de celles de mes parents. Cela seul eût suffi pour me plaire. Elle m'affirmait par exemple qu'une femme ne doit jamais épouser l'homme qu'elle aime. Que les maris sont faits pour payer. Et les amants pour coucher. Que le sexe et l'argent sont bons pour la santé.

« À cette époque où les familles pratiquaient la langue de bois, la sincérité d'Angelica me semblait révolutionnaire. Comment eussé-je pu soupçonner que ses propos, en apparence tellement osés, répétaient ce que des générations de mères avaient inculqué à leurs filles ? Sa spectaculaire franchise ne reposait que sur le cynisme d'une société vieille de quatre siècles, dont elle était le produit.

« Je suppose qu'en digne héritière des femmes d'autrefois la perspective de faire notre éducation sentimentale l'amusait prodigieusement. Sur ce point encore, nos intérêts concordaient : elle nous attrapait par ce qui nous obsédait, Béa et moi.

« — En amour, le fruit défendu est toujours le meilleur... Croquez ce qui vous fait plaisir et ne vous embarrassez de rien. Les femmes trompées, les épouses abandonnées n'ont que ce qu'elles méritent. Les maîtresses de leurs maris ne sont jamais coupables : *on ne prend que ce qui est à prendre !*

« Elle devançait notre curiosité et répondait à certaines autres questions... que nous ne lui posions pas ! Elle abordait les sujets tabous qui nous effrayaient, tels que la virginité et l'orgasme, et n'hésitait pas à rentrer dans les détails techniques. Mais elle concluait toujours par une idée d'ordre général. Par une direction spirituelle :

« — Dans la vie, il y a une règle, une seule. Mais difficile à observer : *Faire ce qui est bon pour soi.* L'égoïsme est la seule vertu.

« Si j'écoutais ses sophismes avec passion, Béa buvait les paroles maternelles. Elle portait plus encore d'intérêt que moi à ces cours d'amour et à ces leçons de vie. En un temps où les filles de nos âges n'avaient pas de petit ami, elle flirtait, elle, avec son cousin David, dont elle était passionnément éprise. Sa mère entrait dans le secret. Elle aidait Béa à démêler les méandres de ses sentiments, affectant une grande sympathie envers ces aventures, qu'elle disait saines pour le corps et l'esprit.

« En échange de son indulgence, la principessa exigeait le récit très détaillé des étreintes. Elle permettait à Béa toutes les privautés, pourvu qu'elle vienne lui livrer ses impressions, qu'elle s'en remette au jugement maternel et suive ses directives. "Tu peux tout me dire, car je peux tout comprendre. Et tout comprendre, c'est tout pardonner !" Angelica pardonnait si bien qu'il n'était question, entre mère et fille, que des baisers de David et des émois de Béa.

« Je n'ai rencontré David qu'une fois à la sortie de l'école, mais mon amie m'en parlait toute la semaine. Elle me le décrivait comme un garçon aux yeux verts, le plus beau, le plus gentil, le plus drôle que la terre ait porté. Leurs promenades en barque sur le lac de Medusa, leurs attouchements parmi les herbes folles, la volupté dans la crypte des cardinaux, toute cette histoire me fascinait. Et je vivais leur amour par procuration.

« Je fus donc très frustrée quand, du jour au lendemain, Béa cessa ses confidences. Elle ne voulut plus jamais m'entretenir ni de David, ni de la mystérieuse maison, ni du jardin, ni même de sa mère. D'après ce que j'ai compris, la principessa avait fait venir son neveu au palais pour lui parler gentiment et en toute amitié de sa relation avec Béa. Dieu sait ce qu'elle expliqua au garçon derrière les portes closes de son boudoir. Leur entretien dura toute une après-midi, sans que Béa ait la permission d'écouter ce qu'ils se disaient : brûlant de curiosité, elle attendait dans sa chambre.

« Quand David émergea des appartements de la principessa, il avait le visage en feu et paraissait gêné.

« À la suite de cette conversation, il ne fut plus le même.

Le salon des petites vertus

« Il fit part à Béa de ses doutes et lui parla raison : ils étaient trop enfants tous deux pour s'engager dans une histoire, ils verraient plus tard. Il ne voulut jamais répéter ce que sa tante lui avait révélé sur le caractère de Béa, sur leurs liens de parenté, sur la jeunesse et le temps. Mais il rompit brutalement et définitivement.

« Quant à la propriété sur le lac que Béa aimait tant, son père la loua pour dix ans, avec le jardin et les dépendances, à une société qui organisait les mariages et les réceptions des environs. Mon amie n'y retourna plus.

« Paradoxalement, la perte de la maison et de David la rendit plus remuante, plus bruyante et plus gaie que jamais.

« En classe de première, Béa pesait quatre-vingts kilos. Elle se dissimulait sous de grands manteaux et compensait sa disgrâce par ses pitreries, séduisant sinon les jeunes gens de notre âge, du moins nos camarades de classe.

« Les garçons ne l'intéressaient plus.

« Quant à moi, si je restais sous le charme de sa spontanéité, son agitation commençait à me peser. Sa mère m'avait plus d'une fois présenté son caractère entier, son amitié trop exclusive, sous un jour un peu étouffant. Béa m'amusait moins. Après avoir été d'une intelligence et d'une sensualité précoces, elle ne m'entretenait que de chevaux et de chiens. À un âge où l'on s'éveille au monde, elle était redevenue furieusement, désespérément "bébé". Ses résultats scolaires s'en ressentaient. Mais elle s'arrangeait pour passer de justesse d'une classe à l'autre.

« Ce portrait de grosse et brave fille explique le coup de théâtre qui ébranla l'école l'année du bac. Pendant les vacances de Pâques, Béatrice avait participé à un safari en Afrique où ses parents l'avaient envoyée dans l'espoir qu'elle maigrirait. Au retour, elle annonça qu'elle se fiançait avec le chasseur kenyan qui avait servi de guide à l'expédition. Une nouvelle aussi bizarre fit jaser. On en parla sans fin. Bien que nul ne prît ses fiançailles au sérieux, la bonne société romaine craignit la contagion : qui sait si toutes les couventines n'allaient pas braver leurs familles en s'éprenant de *nègres* ?

« L'oncle cardinal della Bella appela Béatrice au palazzo della Cancelleria et lui reprocha vertement ce scandale. Elle répondit à ce personnage formidable, qui vous saluait en vous tordant le poignet pour vous contraindre à une génuflexion, que les temps étaient révolus où les cardinaux enfermaient les nièces qu'ils ne sautaient pas. Elle colporta cette réponse en riant et resta fiancée à ce lointain chasseur kenyan, sans que ces fiançailles changent quoi que ce soit à son existence. Par miracle, elle réussit son bac et partit passer les grandes vacances à Nairobi.

« Je la perdis de vue car elle y resta.

« Durant cinq ans, elle ne retourna pas à Rome où son père refusait de la recevoir. Sa vie parmi les bêtes sauvages restait matière à conjectures. Toute la ville rêvait, avec un mélange d'horreur et de fasci-

Le salon des petites vertus

nation, à son époux masai qui vivait dans une case et se nourrissait de sang.

« La mort du prince Fafa la rappela en Italie, le temps des funérailles. Ce deuil fut pour elle l'occasion des retrouvailles avec Angelica. Leur réunion se passa le plus chaleureusement possible. À la stupeur générale, la famille de Béa découvrit que son mari n'était pas noir. Bien au contraire, il offrait le plus beau spécimen de beauté classique dont un Romain pouvait rêver. Antonio Gordon-Chiesa, anglais par son père, vénitien par sa mère, descendait d'une longue lignée de missionnaires reconvertis dans la culture du café en Afrique. Leurs terres ne rapportant rien, Gordon père s'était recyclé dans la chasse et le tourisme : grand organisateur de safaris pour riches Américains, il avait chassé avec Hemingway ; et séduit la fille de l'un de ses clients, une jeune Italienne, qu'il avait épousée. Leur fils, Antonio, ne faisait que poursuivre la tradition familiale. De la branche Chiesa — ses origines italiennes —, il avait d'ailleurs hérité un port de tête admirable, un visage d'empereur sur un corps d'éphèbe.

« On peut dire ce que l'on veut d'Antonio Gordon-Chiesa — qu'il était un opportuniste ou un faible, un aventurier ou un mou —, il allait néanmoins devenir un excellent gestionnaire, le meilleur administrateur de biens que les Pietrangeli aient jamais eu. Cette qualité, rien ne la laissait présager et seule la passion expliquait qu'une héritière comme Béa l'ait choisi.

Angelica ou la vertu quand même

« En un mot, Antonio Gordon-Chiesa — "Gordy" pour les intimes — pouvait se féliciter de son bonheur. Il s'en réjouissait avec simplicité et gentillesse, manifestant déjà cette égalité d'humeur qui le rend si sympathique. Il se fit admettre, sans la plus petite difficulté, dans la société romaine. Sa belle-mère s'extasiait sur la chance de Béa qui avait trouvé au hasard, et du premier coup, l'homme qui lui convenait. De plus, le bonheur conjugal avait fait perdre à la jeune femme son excédent de poids, miracle qui valait à Gordy la reconnaissance de la famille.

« Tout allait donc pour le mieux dans le meilleur des mondes. Et Gordy commençait à penser que se donner tant de mal en Afrique, quand les parents de sa femme possédaient plus de terres que ne réclamait son énergie de chasseur, était bien inutile.

« Lorsque l'automne fut venu et que Béa l'engagea à rentrer chez eux, il se montra choqué. Quoi ? Béa voulait abandonner l'Italie pour retourner au Kenya ? La situation des Blancs à Nairobi était devenue catastrophique. Masai contre Kikuyu, les tribus s'affrontaient entre elles et massacraient les colons dans leurs fermes. Le Kenya venait d'obtenir son indépendance. Les Anglais se retiraient en masse. Oui, Gordy pouvait s'étonner : pourquoi Béa cherchait-elle à retourner sur cette terre désormais inhospitalière ? Elle n'appartenait pas — quoi qu'elle en dise — à cette race de *survivers* qui retrouvent tout naturellement leur place dans la savane africaine. Du cran, du courage, certes elle n'en manquait pas ! Elle montait bien à cheval, elle tirait passablement. Mais elle n'était pas, elle ne serait jamais une pionnière ! Son goût pour la nature et pour les animaux expliquait qu'elle se soit sentie attirée par la vie qu'il menait. Mais ce goût ne suffisait pas pour aimer l'Afrique au point de tout lui sacrifier.

« Gordy conclut, avec sa douceur coutumière, que le destin leur offrait la chance d'une nouvelle vie et que l'éventualité de leur retour à Nairobi défiait les lois de la raison.

« La volonté de Béa demeura inflexible. Elle n'entendit qu'un argument : le gouvernement kenyan avait donné six mois aux Blancs pour choisir entre leur nationalité d'origine et la nationalité kenyane. Elle se rendit donc à la toute nouvelle ambassade du Kenya et renonça définitivement à son passeport italien.

« Munie de ce nouveau document d'identité et de deux billets d'avion, elle reprit la conversation où ils l'avaient laissée. Mais quand elle comprit que le retour sur la terre d'Afrique restait une perspective plus lointaine que jamais, le ton de Béa changea. Elle attaqua.

« — Pourquoi, demanda-t-elle en observant sombrement son mari, refuses-tu de rentrer ?

« — Je te l'ai déjà dit... Ce serait un suicide !

« — Qui de nous deux en mourra ?

« Béa mettait sa merveilleuse patience à l'épreuve. Il soupira.

« — Les Gordon-Chiesa sont ruinés, Béa : complètement ruinés ! Et je ne me pardonnerais jamais

Angelica ou la vertu quand même

de t'avoir obligée à renoncer à l'héritage de ton père, à ton histoire, à ta lignée, quand je n'ai plus rien à t'offrir en échange. Rien ! Ni pour toi, ni pour nos futurs enfants. Que leur répondrai-je quand ils me demanderont des comptes ? Que j'ai sacrifié leur avenir à ma soif de liberté ? À mon amour de l'aventure ? À ma passion pour l'Afrique ? Non, je ne pardonnerais jamais de vous avoir préféré mon plaisir.

« — Tes arguments ne me convainquent pas. Trouve-m'en d'autres !

« — Que te faut-il encore ?

« — La vérité !

« — Je te l'ai dite, la vérité : depuis l'indépendance, les colons ont perdu le paradis...

« — Ne me ressers pas ces histoires : tu te fiches des colons et du paradis !

« — C'est faux ! L'Afrique est toute ma vie !

« — Alors, prends ce billet d'avion ! Pourquoi n'en veux-tu pas ?

« — Parce que nous ne *pouvons* pas rentrer !

« — Donne-moi la seule raison qui nous en empêche !

« — Je ne comprends pas.

« — Oh si, tu me comprends très bien !... À cette raison, tu serait prêt à tout sacrifier.

« — Je ne veux que ton bonheur, Béa.

« — ... Tu lui sacrifierais tes racines, ton épouse !

« — Mais de quoi parles-tu ?

« — D'elle... Et de toi ! Tu la rejoins chaque soir. Tu couches avec elle !

« — Je ne...

Le salon des petites vertus

« — Tu couches avec ma mère.

« Cette petite scène conjugale se déroulait sur le lac de Medusa, à quelques mètres de l'île des Pietrangeli tant aimée par Béa autrefois. Le couple se rendait à la villa qu'Angelica ouvrait pour la première fois depuis que la maison avait été louée.

« Autour d'eux, l'eau semblait lisse, grise comme un miroir, avec ici et là des taches, des éraflures de lumière. Au cœur du lac se dressaient deux promontoires hérissés de cyprès. Même de loin, ces îles dégageaient une troublante impression de mystère. On songeait à *L'Île des morts* de Böcklin. Et la barque qui amenait Gordy et Béa évoquait la barque du passeur. L'esquif tanguait dangereusement sous la pluie. Gordy, blême, se tenait immobile à l'avant. Béa gesticulait dans le déluge.

« — Tu n'es pas responsable... De tout temps, ma mère a cherché à me prendre ce que j'avais ! De tout temps, elle a voulu ce que j'aimais ! Quand j'aimais ma poupée, elle me la confisquait, sous prétexte qu'elle était trop vieille, ou trop laide, ou de trop mauvais goût. Quand j'aimais ma gouvernante, elle la renvoyait, sous prétexte qu'elle s'était révélée inculte et irresponsable. Quand j'aimais une camarade, elle l'invitait à goûter malgré moi, et n'avait de cesse de la séduire et de nous brouiller. Quand j'ai aimé mon cousin...

« Rouge d'indignation, Béa s'interrompit pour reprendre haineusement :

« — Elle veut ce que les autres possèdent, elle n'en a jamais assez, c'est un trait de caractère... Elle me dévore tout particulièrement mais ne s'attaque pas seulement à moi. Au moment de soutenir sa thèse, elle s'est emparée des découvertes de sa meilleure amie, qu'elle a publiées sous son propre nom. À l'accusation de vol, ma mère a répondu avec sa pondération habituelle que les documents appartenaient au domaine public et que ce peintre, mort depuis trois siècles, n'était pas la propriété d'une chercheuse hystérique. De toute façon, *on ne prend jamais que ce qui est à prendre...* Ma mère, c'est Mme de Merteuil ! Une Merteuil au petit pied. Mais une Merteuil qui triomphe : elle ne commet pas l'erreur de se confier à un Valmont. Elle ne confesse pas ses projets par écrit et ne se laisse jamais prendre en flagrant délit de corruption : même cette sincérité-là, elle ne l'a pas !

« Pourtant, nul ne flirte comme elle avec la vérité, nul ne la serre de plus près. Parce qu'elle respecte toutes les formes — et ne respecte qu'elles —, ma mère atteint à l'essentiel dans les rapports humains : elle use des apparences pour arriver au fond des choses, au cœur des êtres. Quant à l'amour maternel... Très tôt dans la vie, elle a découvert qu'elle détestait les enfants, les pauvres, les faibles, les laids. Elle n'en fait pas mystère. Devant l'infirmité physique, elle affiche... sa paralysie mentale. Elle avoue qu'ayant passé quelques jours chez une vieille tante malade elle en est rentrée horrifiée. Son dégoût a commencé par la gêner, mais elle a très bien accepté que ce manque de sympathie fût une question de tempérament... Certaines femmes s'éprennent d'hommes romantiques et compliqués : ma mère, elle, préfère les hommes beaux et sains ! Elle le reconnaît en riant. Car elle affecte la franchise, elle affecte la liberté, elle affecte l'indépendance, comme elle affecte toute chose... Oui, j'aurais dû me méfier !... Son avidité la porte vers la recherche de ce que la vie offre de plus beau : vers les objets de qualité, vers le confort, vers le luxe. Le meilleur, toujours ! Mais sans excès... L'a-t-elle méprisée, mon obésité ! J'ai été durant des années une insulte à tout ce qu'elle respecte ! Je m'enlaidissais à dessein. C'était ma façon à moi de lui faire honte et de lui résister. Non, je ne te fais pas de reproches... Tout est ma faute. Je n'aurais jamais dû rentrer, je n'aurais jamais dû t'introduire dans cette maison... Pourquoi crois-tu que j'aie fui Medusa ? Que je me sois installée en Afrique ? Parce que je t'aimais ? Sans doute ! Mais au point où nous en sommes, je te dois la vérité : mon enfance aux côtés de cette femme *équilibrée* fut un enfer !

« Quelque chose de fou émanait de Béa, de ses cris, de tout son discours. Gordy fut convaincu de l'absurdité de ces allégations, en découvrant la principessa au-dessus d'eux : Angelica avait surgi sur le ponton d'accostage. Blonde, éthérée, lumineuse, elle se tenait très droite, souriant vaguement, sous un grand parapluie qui devait protéger le jeune couple jusqu'à la maison.

« À l'époque, elle atteignait ses quarante-cinq ans. Avec son calme olympien et son air de madone, elle gardait l'avantage face à l'hystérie de sa fille. Elle lui tendit la main pour l'aider à prendre pied sur la terre ferme.

Angelica ou la vertu quand même

« — Je suis contente que ton mari t'ait soumis mon idée et qu'elle te plaise à ce point, murmura-t-elle en prenant fermement son bras. Je te confirme donc la bonne nouvelle, ma chérie... Je lui confie la gestion des biens que m'a laissés ton père. Ainsi seront résolus vos problèmes de trésorerie : vous vivrez ici, dans cette maison que tu aimes tant, *cara*. Vous pourrez jouir de tout, du lac, du jardin, et de votre liberté... Je n'ai besoin de rien pour moi-même. Ton oncle Bibi me demande en mariage et je crois que je vais accepter. Ainsi les choses continueront-elles comme par le passé.

« L'expression de Béa, je vous la laisse imaginer. Quant au pauvre Gordy, toujours courageux devant le lion et si gentil avec les femmes, il faut avouer qu'il n'en menait pas large. Il ne proféra pas un son. Mais s'il n'avait encore rien confessé, c'est qu'il n'avait rien à dire...

« Fut-ce la jalousie de la fille qui fit naître l'idée dans la tête du gendre et le désir dans celle de la belle-mère ? Béa avait-elle pressenti leur attirance avant qu'elle ne se concrétise ?

« Quoi qu'il en soit, le lendemain de cette explosion, la plus sage des belles-mères prit sous sa protection le plus innocent des accusés. Gordy en fut un peu gêné. Il tenta d'éviter les tête-à-tête. Ses dérobades s'avérèrent plus compromettantes encore : à Medusa comme à Rome, n'habitait-il pas chez elle ? Il aurait probablement dû reprendre la conversation interrompue avec sa femme, mais la violence et la haine de Béa l'avaient tellement cho-

Le salon des petites vertus

qué qu'aborder pareil sujet l'effarait. Face à cette menace, la principessa semblait, elle, *tout voir, tout savoir, tout comprendre et tout pardonner.*

« Les choses ne se consommèrent donc que plus tard, entre deux maximes sur la vie, l'amour, la mort, dont Angelica gardait le secret. Mais enfin, elles se consommèrent.

« Les cris d'orfraie que jeta l'épouse trompée fatiguèrent jusqu'à ceux qui avaient commencé par la plaindre.

« Quant aux pseudo-coupables, loin de réfuter le soupçon, ils feignirent de s'en montrer flattés. "Béa est trop aimable, semblait dire le sourire de la princesse. Elle croit en ma séduction, au point d'imaginer qu'à mon âge je puisse lui prendre un si joli garçon : elle me fait beaucoup d'honneur !" Pour sa part, Gordy jouait l'homme des bois : "Moi, qui n'ai aucune culture — pas lu un livre, pas vu une exposition —, je pourrais intéresser une universitaire comme ma belle-mère ? Plût au ciel, car elle est encore très bien !"

« Bref, ils ne niaient ni ne reconnaissaient rien, ce qui coupa court aux commentaires.

« Au terme de trois mois, leur liaison allait passer aux oubliettes des cancans romains, sans les hurlements de Béa, qui s'était mise en tête de faire lâcher prise à sa mère, en répandant sur son compte d'anciennes anecdotes qui ennuyèrent le monde.

« Elle exagéra ses griefs, se perdit dans les détails et se couvrit de ridicule.

Angelica ou la vertu quand même

« Se souvenant alors du vieil adage maternel : *on ne prend que ce qui est à prendre*, elle se lança à la reconquête de son mari.

« Du jour au lendemain, plus un cri, plus un reproche. Les accusations, les explosions de violence et de haine cessèrent. Sur Angelica, pas un mot. Et pas une allusion au retour en Afrique pour lequel Béa avait tant bataillé.

« Gordy devint la cible de sourires tristes et de regards mouillés. Élans de tendresse, doux moments d'effusions. Dans un premier temps, les sentiments qu'on lui portait se suffirent à eux-mêmes : on n'exigeait rien en échange. On le soumit ensuite à des crises de larmes, à des instants de désespoir, aux serments de mourir, de se jeter par la fenêtre. Et de nouveau on lui offrit un retour au calme, une harmonie qui lui laissait augurer le meilleur de la vie conjugale.

« Fut-ce les conséquences de sa détermination à le séduire ? Béa se transforma en adorable victime. Même physiquement, elle se métamorphosa. Quand je la rencontrai dans les rues de Rome, je ne la reconnus pas : en dépit de sa haute taille, je la trouvai aussi maigre, aussi plate, aussi... émouvante qu'une Audrey Hepburn.

« Béa avait coupé ses cheveux (elle les portait maintenant très courts), accentué le bel arc de ses sourcils, rosi sa bouche pulpeuse. De l'actrice elle arborait le pantalon corsaire et les ballerines. Le sourire pourtant différait. Celui de Béa était triste.

« Gordy, en se découvrant si passionnément aimé par une femme tendre, jolie, affectueuse, fut touché lui aussi. Son épouse n'était-elle pas sa moitié ? À jamais... Le divorce n'existait pas en Italie ! Ils s'appartenaient pour le meilleur et pour le pire : autant vivre en bonne intelligence.
« Sur cette évidence, Béa construisit sa revanche.

« Angelica avait gagné la première manche. Béa gagna la seconde. Et, dans la foulée, elle fit un enfant à son mari.

« Mais un soir d'hiver, quand la petite Immacolata — Imma — eut deux mois, et que Gordy retourna au coin du feu de sa belle-mère pour converser de la vie, l'amour, la mort, Béa perdit la belle.
« Elle perdit bien davantage encore...
« Tout le temps de la liaison de Gordy avec la principessa, elle ne vit en son enfant que la *fille de l'amant de sa mère...* Obsédée par la bataille qu'elle menait contre ce couple détestable, elle répéta les erreurs commises à son égard et négligea Imma.

« Il y eut ainsi d'autres parties, d'autres jeux. La balle passait d'un camp à l'autre. Attaques, feintes, buts...
« De victime, ces matches transformèrent Béa en véritable professionnelle de la lutte amoureuse : une femme furieusement éprise de son mari et déterminée à récupérer son bien : elle *voulait* ce qui lui appartenait, elle *reprendrait* Gordy.

« Je ne sais pourquoi elle s'acharnait ainsi : elle aurait dû fuir cet enfer, comme elle l'avait fui à dix-huit ans. Elle aurait pu travailler. Certes, à l'inverse d'Angelica, elle n'avait pas fait d'études. Maigre bagage intellectuel. Aucun diplôme. Et la fortune de son père restait entre les mains de Gordy qui gérait les biens de la famille Pietrangeli.

« Était-ce pour toutes ces raisons que Béa refusait de lâcher prise ? Avait-elle peur, en quittant la maison, en abandonnant son mari, d'un avenir incertain ? La société n'était pas tendre envers les épouses qui sautaient le pas. Aussi Béa excluait-elle de se laisser acculer — du seul fait de la liaison de sa mère — à une décision qui ne lui convenait pas.

« Ou bien son admiration pour Angelica, sa fascination demeuraient-elles si intenses qu'elle ne pouvait renoncer à la nécessité de la défier et de la vaincre ? Mettait-elle sa mère au-dessus de tout ? Aucun combat ne devait sembler plus excitant aux yeux de cette lutteuse que de se mesurer à l'être le plus splendide et le plus redoutable qu'elle eût connu.

« Quoi qu'il en soit, leur passion à l'une et à l'autre dépassait largement la personne d'Antonio Gordon-Chiesa.

« Durant plusieurs années, il se vit pourtant l'enjeu, le point de mire, l'obsession des deux femmes. Attention furieuse et fracassante d'un côté ; flatteuse et vigilante de l'autre.

« Indécis, troublé, le beau Kenyan naviguait de la mère à la fille, rompait avec la première, renouait avec la seconde, et les blessait tour à tour. Ce va-et-vient, qu'aucune victoire définitive ne venait couronner, finit par les lasser toutes deux : Gordy les ennuya. Ensemble.

« Chacune éprouvant le besoin de s'attacher ailleurs, elles mesurèrent bientôt à quels extrêmes leur émulation pouvait les conduire.

« Ce samedi-là, Béa m'avait invitée chez elle, à une centaine de kilomètres de Rome, dans la villa qu'elle occupait avec sa mère, son beau-père, son mari et sa fille — cette villa sur le lac de Medusa dont elle m'avait tant parlé et que je ne connaissais pas. J'étais venue déjeuner.

« Mais à peine sautais-je sur la rive qu'une première vague brisa contre le rocher les barques amarrées entre les cyprès.

« Elles sont spectaculaires, les tempêtes sur le lac de Medusa ! Aucun rameur ne s'aventurerait sur ses eaux tourbillonnantes quand le vent se lève. Le canot à moteur qui m'avait déposée se hâtait donc de regagner la terre. Je regardai sa fumée disparaître sous la pluie.

« Lors du dernier déluge, Béa avait évoqué l'enfer de son enfance auprès d'une mère *équilibrée*. Je vous parlerai, moi, des délices d'une partie de campagne chez les Atrides...

« — Je t'ai fait préparer une chambre pour ce soir, ma chérie, me dit Angelica en m'accueillant avec sa bienveillance habituelle. Nous te gardons jusqu'à la fin de l'orage.

« Le mystère de la maison, un ancien couvent fortifié, surpassait le charme des descriptions enfantines de Béa.

« Aux murs de l'immense salle à manger, dont la voûte et les proportions évoquaient un réfectoire, courait une frise de musiciennes, très décolletées, qui jouaient du luth, se penchaient au balcon et levaient leurs verres à nos agapes. La fresque datait du XVIIIe siècle quand les ancêtres de Béa, cherchant à atténuer l'aspect trop monastique de leur villa, transformèrent l'oratoire du prieur en un salon de musique, et le potager en une extraordinaire collection de plantes tropicales.

« La cloche qui scandait les heures, la petite chapelle médiévale, le cimetière, les croix, les sanctuaires, l'atmosphère profondément religieuse de l'île se conjuguaient à merveille avec la tonnelle, les Vénus et les amours des princes Pietrangeli. Je n'ai rien connu de plus fascinant — et de plus malsain — que cet univers clos, ce monde incestueux. Ajouterais-je un détail ? Tous les êtres qui hantaient l'île de Medusa étaient d'une beauté spectaculaire. Gordy...

« Gordy — vous l'avez vu à la messe, devant le cercueil d'Angelica tout à l'heure. Il reste ce qu'il a toujours été. Le cheveu blond, le nez droit, l'œil bleu. Il formait à cette époque un couple des mieux assortis avec Béa, même si elle avait d'autres choses en tête. En ce mois de mai 1974, la loi sur le divorce venait d'être ratifiée par un référendum. Béa l'avait demandé. La princesse ne s'y opposait pas. Les jours de Gordon-Chiesa chez les Pietrangeli étaient comptés. Il négociait son départ, en obtenant que sa belle-mère lui conserve son poste d'administrateur des biens familiaux.

« Angelica, pour sa part, était depuis beau temps remariée à Bibi Pietrangeli, le frère cadet de son premier époux...

« Sur "Fafa", Bibi présentait de multiples avantages : il était non seulement plus jeune, mais plus grand, plus brun, plus intelligent, plus esthète — et beaucoup plus drôle. La moustache et le sourcil en bataille, l'œil coquin, je trouvai son sens de l'humour tout à fait à mon goût : nous nous plûmes instantanément.

« Aux deux couples d'hôtes se joignaient leurs invités du jour. Une jeune femme, dont je ne sais si elle était l'amie de Béa ou d'Angelica, accompagnée de son fiancé... Je ne me la rappelle pas ; le *fiancé*, en revanche, me fit grande impression.

« Gordy racontait gaiement ses chasses en Afrique — j'entends encore cette histoire de crocodile qu'il avait chevauché sans s'en apercevoir — quand le *fiancé* lui vola la vedette au dessert.

« Lui-même était photographe de guerre. Il revenait du Viêt Nam, où il avait été témoin d'horreurs dont il portait ici témoignage.

« Comme il dénonçait avec flamme ce qu'il avait vu, je surpris, fixé sur lui, le regard noir de Béa. Je notai aussi celui d'Angelica — posé sur le visage de sa fille. Ses yeux dorés l'effleuraient à peine. Une brève seconde, leur éclat m'effraya.

« Dans l'après-midi, nous fîmes le tour de l'île.

Angelica ou la vertu quand même

« En file indienne, protégés par de larges parapluies, nous arpentions les allées du merveilleux jardin. Les feuilles mouillées, les fleurs exhalaient leurs parfums entêtants. Je marchais le long du promontoire, serrée entre Angelica et Bibi. Elle m'avait pris le bras. Aussi intime et charmante qu'autrefois, elle s'autorisait de notre longue affection pour me vanter le charme, le courage, le talent du grand reporter qui nous avait tant intéressés au déjeuner... Vous l'avez toutes reconnu : c'est Corrado Cigli, dont le prix Pulitzer a couronné les travaux.

« Par mille compliments, sur lui et sur moi, Angelica me poussait dans ses bras. Je n'entrerai pas dans les détails de son entremise pour que nous passions la nuit ensemble.

« Qu'il me suffise maintenant d'évoquer l'obscurité, la tempête, ma chambre humide, les trois coups à ma porte... Et Bibi dans mon lit !

« En partageant mon oreiller avec le mari de mon hôtesse, je trahissais toutes les lois de l'hospitalité, j'en conviens...

« Mais j'étais jeune. Et l'on ne prend que ce qui est à prendre : *les séductrices ne sont pas coupables...* En outre, Angelica n'aimait pas son mari puisqu'*une femme n'épouse jamais l'homme qu'elle aime.* Nous avions été, Bibi et moi, formés à la même école : nous savions ce qui était bon pour nous, et nous nous trouvâmes très contents l'un de l'autre.

« En le raccompagnant jusqu'à sa porte, je fus tout de même surprise de rencontrer Béa et le *fiancé,* qui s'étreignaient passionnément dans le couloir. Je n'eus besoin que d'un coup d'œil pour comprendre que cette étreinte-là scellait deux destins.

« Avec cet épisode galant venait de se nouer la première liaison, et probablement le seul grand amour de Béa. Que se passa-t-il vraiment cette nuit-là ? Sinon le coup de foudre entre Corrado et Béatrice !

« Ils se marièrent au début des années quatre-vingt — dès que fut prononcé le divorce d'avec Gordy, lequel, dans l'indifférence générale, continua d'occuper la maison de Medusa.

« Corrado et Béa voyagèrent. Elle le suivit sur tous les fronts où la guerre faisait rage : elle portait ses appareils, développait ses clichés, écrivait dans les caves les légendes des photos qu'il envoyait aux journaux. Bref, elle menait avec lui cette vie d'aventures dont elle avait rêvé avec Gordy.

« Le malheur voulut qu'au terme de six mois de pérégrinations Corrado vînt converser de *la vie, l'amour, la mort* dans le boudoir de sa belle-mère : je ne vous apprendrai rien en vous disant qu'il devint son amant, et le demeura durant cinq ans.

« Je vous laisse deviner la violence de la crise que cette situation provoqua chez Béa, la douleur devant la répétition de ce qu'elle avait déjà vécu.

« Sa souffrance et son humiliation n'entraînèrent cependant aucun des débordements auxquels Béa

Angelica ou la vertu quand même

nous avait habitués. Cette fois, elle se tut, resta tranquille et se consola avec le premier venu.

« Les choses se corsèrent à nouveau quand Béa comprit que celui-là encore, sa mère cherchait à le séduire. Elle fit une scène à l'amant, l'un de ces éclats dont elle avait eu naguère le génie. Le malheureux rétorqua que la mère de Béa l'avait bien prévenu : elle était une femme odieuse, la jalousie incarnée.

« Angelica réussit à les brouiller.

« Dire que l'éclatante confirmation de ce que Béa soupçonnait depuis des années la soulagea serait une exagération... Angelica convoitait et s'emparait de *tout* ce qu'elle aimait. À près de soixante ans, l'incorrigible séductrice pillait systématiquement sa fille. C'était bien un comportement pathologique. Comment croire à de tels mœurs chez une femme aussi équilibrée ?

« Redoutant que la démence de la conduite maternelle ne fût encore la projection de sa propre paranoïa, Béa accumula les preuves. Elle recherchait l'absolue certitude...

« Elle choisit pour objet de ses affections un homme laid — de cette laideur qu'abhorrait Angelica.

« Poursuivant sa politique de rapine, la principessa le mit dans son lit.

« Les actes d'Angelica devenaient prévisibles : ses triomphes, cette fois, rassurèrent sa victime.

« Quand Béa fut absolument convaincue que les goûts de sa mère se fixaient sur ses propres choix, elle exulta. Elle ne la craignait plus.

« La folie de leur situation eût pu atteindre à une forme de comique, si les deux femmes n'avaient trouvé un champ de bataille inattendu en la personne d'Imma.

« La petite fêtait ses douze ans. Comme Béa au même âge, elle étudiait à l'institution Saint-Dominique et n'avait eu qu'un contact distant avec ses parents.

« Se souvenant enfin qu'elle avait une fille, une très jolie fille au seuil de l'adolescence, Béa chercha à s'en rapprocher. Ce fut un coup de foudre réciproque. Durant les vacances de Pâques, Béa emmena Imma à Paris, à Londres, elle la conduisit dans les musées, tenta d'éveiller la sensibilité de l'enfant. Le renouement avec sa nature affectueuse, avec un instinct maternel dont elle n'avait pas fait l'expérience et qui se manifestait d'autant plus violemment, donna au visage de Béa un éclat nouveau. Pour la première fois depuis longtemps se lisait une promesse de bonheur sur sa jolie petite figure. Elle avait oublié ses projets de vengeance et retrouvé la paix. La lune de miel dura deux ans.

« ... Elle dura jusqu'au moment où la principessa intervint.

« Du temps de sa liaison avec Gordy, Angelica avait été considérée — par Béa elle-même — comme la véritable mère de l'enfant. Elle s'était prise au jeu. Depuis, la principessa n'avait pas cessé de veiller sur Imma. Toujours disponible, bienveillante, intelligente, elle avait tissé avec la petite un attachement dont la force et la sincérité se renforçaient chaque jour. Mère détestable, elle s'était révélée une grand-mère de rêve.

« Maintenant la question était de savoir qui des deux, d'Angelica ou de Béa, l'adolescente allait finalement préférer. Ce fut en ces termes que les deux femmes posèrent le marché : Imma était à prendre et devait appartenir à l'une ou à l'autre.

« Mise en demeure de choisir — oh, de façon subtile par la grand-mère ; et combien maladroite par Béa ! —, soumise à tous les chantages, à toutes les pressions, la petite se réfugia auprès de ce qu'elle avait toujours connu : l'affection d'Angelica. À Béa, qui l'accusait de trahison, l'adolescente, épouvantée par cette violence incompréhensible, rétorqua vertement que sa mère ne s'était jamais occupée d'elle ; qu'elle avait beau jeu de reparaître en lui reprochant son ingratitude ; que si la vie avec elle devait ressembler à cet enfer, elle-même irait vivre chez sa grand-mère.

« Béa prit cette réaction pour une fin de non-recevoir, le dernier dépouillement, l'ultime victoire d'Angelica.

« La perte de cette enfant, en laquelle Béa s'était projetée et reconnue, son impuissance à protéger la jeune fille d'une fascination qu'elle-même ne connaissait que trop lui firent oublier tout sens de la mesure.

« Cette fois, elle prit son temps. Elle le chercha de longs mois. Un joli garçon, très joli garçon bien évidemment. De bonne famille. Intelligent. Cultivé.

Le salon des petites vertus

Toxicomane. Et complètement fauché. L'âge importait peu. Homosexuel de préférence.

« Treize à la douzaine se présentèrent qui répondaient à ce portrait. Pourtant elle le choisit avec circonspection. Elle s'assura qu'il était aux abois, tant sur le plan financier que moral ; qu'il accomplirait le travail sans états d'âme. Et qu'il ne répugnerait pas à la tâche, s'engageant à remettre l'ouvrage sur le métier, autant de fois que nécessaire, jusqu'au succès de sa mission qui pouvait être longue. Ou très brève.

« Lorsque Béa eut trouvé le candidat qui répondait à ses critères, elle l'engagea et lui confia ses desseins...

« Bien qu'elle fût encore mariée à Corrado, elle s'afficha partout avec lui, ce bel homme qui devait passer pour son nouvel amant. On les vit enlacés aux terrasses de la piazza del Popolo, aux concerts de Santa Cecilia. Et à la messe de Sainte-Agnès. Elle l'installa sur l'île de Medusa, entre Gordy qui y régnait encore, Corrado et Bibi. Angelica le reçut de façon exquise, comme elle les recevait tous, vanta le charme de l'ami de Béa, l'invita à poursuivre leur très plaisante conversation dans son *gabinetto* du palais de Rome. Et ce qui devait arriver arriva.

« Quand la principessa s'éveilla de ses plaisirs, elle constata que son partenaire s'était envolé. La chose n'était pas coutumière, mais elle s'en consola.

« Sur le grand miroir Renaissance où s'admirait jadis la tragique Beatrice Cenci, l'aïeule à laquelle Béa avait tant ressemblé, elle lut une inscription tracée avec le bâton de son rouge à lèvres : WELCOME TO THE CLUB. Comme elle ne manquait pas d'humour, elle pensa que le jeune homme faisait une allusion ironique... à lui-même. Il appartenait, en effet, à une série d'amants qui commençait à devenir longue : elle en avait perdu le compte depuis belle lurette.

« Celui-là vint encore plusieurs fois converser avec elle de la vie, de l'amour et de la mort. Elle jugea plus délicat de ne pas l'interroger sur la signification du *Welcome to the club,* sous peine de s'attirer une scène de jalousie rétrospective.

« Sur le tableau de chasse de la princesse, il obtint pourtant une place de choix : il fut le dernier de la liste.

« Angelica attrapa bientôt un rhume qui la contraignit à espacer leurs rencontres. Le rhume dégénéra en pleurésie. La pleurésie se transforma en... Vous connaissez la suite... Les mois de souffrance, l'horrible fin...

« Telles les reines maudites du Moyen Âge, la principessa a péri par où elle a péché. »

L'indignation la plus extrême s'était peinte sur le visage d'Émilie. Sa colère explosa :

— Mais c'est abominable, ce que vous dites !... Je croyais que vous étiez l'amie de Béa, que vous la défendiez !... Vous rendez-vous compte de l'accusation que vous portez ?

Le salon des petites vertus

— La chère Angelica n'est pas décédée d'un cancer, contrairement à ce qu'ont publié les Pietrangeli, répondit calmement la narratrice.

— De là à sous-entendre que sa fille l'a...

Regardant sa montre, la conteuse se leva, s'excusa en alléguant qu'elle avait rendez-vous à dix-neuf heures, qu'elle devait se rendre au palais Pietrangeli pour y présenter ses condoléances à la famille ; et prit congé.

Elle laissa ces dames dans un état d'effarement qui n'avait d'égale que leur perplexité. L'hôtesse, tirant la leçon de la fable, balaya la morale d'un revers de manche :

— ... Elle est bien pressée de rejoindre son Bibi, celle-là ! Cela fait vingt ans qu'elle est sa maîtresse et qu'il refuse de quitter sa femme pour l'épouser. Elle a trop attendu l'occasion pour la manquer ! Je vous fiche mon billet que les cendres de notre amie ne seront pas froides, avant que Rome n'ait une nouvelle princesse Pietrangeli. Ah, elle va s'amuser, Béa, avec une belle-mère qui colporte pareilles horreurs sur son compte ! Quand je pense que la pauvre Angelica a dû supporter les calomnies de cette garce qui l'aura rendue cocue toute sa vie... Quelle vertu, quand même !

Masq. de douceur.
Masq. de Constance
Masq.ᵉ de Complaisance
Masq.ᵉ Desinteresse.
Masq. d'Economie.
Masq. de Sincerité.
Masq. de Fidelité.
Masq. de Charité.
Masq. de Moderatio.
Masq. de Devotion

Carlotta
ou
la vertu maîtrisée

Depuis quelque temps, la puissance de l'incontournable d'Entraygue, sa place sur l'échiquier social et intellectuel de la ville se trouvaient gravement menacées par l'installation *ad vitam* d'une dernière venue qui avait accès, par son métier, à des cercles très divers.

Elle s'appelait Laurence Desnos. Bien qu'elle fût veuve et qu'elle frisât la quarantaine, cette Mme Desnos passait pour une jeune première que chacun s'arrachait. Dix ans plus tôt, elle avait connu les honneurs de la critique française en publiant aux éditions Gallimard un petit roman. C'était le seul livre qu'elle eût écrit : il venait d'être traduit par Longanesi et recevait à Rome le même accueil flatteur qu'à Paris. Elle était aujourd'hui la correspondante d'un prestigieux quotidien parisien. Ces multiples « casquettes » lui ouvraient les portes de la presse italienne, des milieux diplomatiques et des clans universitaires. Elle jouissait d'emblée des privilèges que la Farnesina avait obtenus au fil du temps.

Le salon des petites vertus

De son agacement, Émilie ne laissait rien paraître. Elle vantait avec grâce les mérites de la Desnos qu'elle qualifiait d'une formule flatteuse, « notre si jolie romancière », éternelle périphrase qui la réduisait à son strict minimum. Elle affectait même de lui laisser sa place à table et la parole au café, l'encourageant à *tout dire* : les potins et les cancans, les ridicules et les trahisons, les mille secrets de Rome qu'Émilie connaissait mieux que quiconque.

Dans les premiers mois, *notre si jolie romancière* avait capté le danger et gardé ses distances avec le salon de la piazza Navona. Mais elle devait bientôt se laisser griser par les subtils plaisirs de la causerie au soleil. Croyant reconnaître en Mlle d'Entraygue la réincarnation de Mlle de Lespinasse, elle prit la civilisation des terrasses pour les salons du XVIIIe siècle, confondit la *chiacchierata* romaine avec le langage de l'esprit, et ne manqua bientôt aucun des déjeuners du mercredi. La méconnaissance de son public allait lui coûter cher...

« L'histoire d'aujourd'hui, commença-t-elle avec ingénuité, se situe ici même, sur une terrasse de la place... Vous voyez là-bas, à gauche de la coupole, le parasol qui s'ouvre dans le ciel ? Il abrite le couple dont je veux vous parler. À soixante ans, Stefano Ursito est le plus célèbre médiéviste de Rome. Il règne sur toute l'Italie du Moyen Âge et détient un pouvoir colossal, ce qui ne l'empêche pas de rester séducteur, bon vivant et fort coquet. Il passe encore pour joli garçon. De petite taille, l'œil et le cheveu noirs, il taille sa barbe très court, la moustache au ras de la lèvre. Et pas un poil gris ! Ses rivaux à l'université prétendent qu'il se teint les pattes à la hauteur des tempes. D'une élégance discrète et réfléchie, les chaussettes coordonnées à la cravate et la pochette en harmonie avec l'écharpe, il affecte cette nonchalance très britannique des Italiens de bonne famille. Bien qu'il marche à pas lents, il a le regard mobile et la question qui fuse. D'une curiosité insatiable, il s'intéresse aux sujets les plus éclectiques. L'art des *murals*, le courant *underground.*

« Sentimental et tyrannique, il s'attache à ses élèves et aux vieilles gouvernantes de ses nombreux enfants, qu'il met sous sa protection et garde à son service. Il a chez lui trois personnes qui veillent sur son bien-être. Ses propriétés sont d'ailleurs admirablement tenues. De grandes roses s'épandent dans les vases de faïence XVIIe et le ventre vernissé de sa collection d'instruments de musique, de ses théorbes, de ses luths et de ses violes, rutile à l'ombre des portraits de famille. Plein de bonne volonté, il règle ses problèmes psychologiques et se raconte deux fois par semaine à son psychanalyste, un ami d'enfance.

« Politiquement, cet aristocrate est communiste.

« Sa quatrième femme, l'une de ses étudiantes, spécialisée dans le XIIIe siècle, achève sa thèse sur les bienheureuses du sud de la France qui ont imposé la chasteté à leurs époux.

« Il se délecte, quant à lui, de toutes les histoires de fesses des stars et des princesses... Sarah Ferguson, Stéphanie de Monaco, Caroline : il s'intéresse à leurs amours et développe, en intellectuel pur et dur, des théories scientifiques sur leurs stratégies pour conquérir le pouvoir. À l'entendre, la grande Lady Di, personnage machiavélique entre tous, eût été, si elle avait vécu, la première femme de l'Histoire à faire tomber une monarchie.

« Il n'aime rien tant que les plaisanteries salaces — quand elles stigmatisent la vie privée de ses amis. Mais les indiscrétions de ce grand cérébral ne visent que ses relations sociales et les personnalités publiques. Jamais son cercle de famille. Ses proches l'intéressent peu. Je le regrette, car lorsque j'arrivai à Rome, je croisai chez lui une religieuse d'une soixantaine d'années en vêture de son ordre, le visage émacié, le regard fiévreux, qui éveilla ma curiosité. Elle était sa nièce, et mère abbesse du couvent de l'Immacolata Concezióne : telle fut la seule présentation que Stefano me concéda, m'expliquant longuement le saut de générations qui se répétait dans sa famille, rendant les nièces plus âgées que leurs oncles depuis trois siècles. Pour le reste, aux yeux de Stefano, la nièce religieuse, ce personnage féminin d'aspect formidable, faisait partie des meubles. Elle ne figurait jamais aux dîners en ville et disparaissait à mon arrivée, me saluant sévèrement d'un signe de tête.

« Un soir où j'entrais dans le salon au moment où l'abbesse en sortait, je trouvai mes hôtes très excités : j'allais rencontrer une invitée autrichienne, une amie d'origine viennoise, dont Stefano faisait des gorges chaudes.

« — Tu te rends compte ? roucoulait-il en français. Nous la connaissons depuis cinq ans, et nous ne savons *rien* d'elle !

« Il appuyait sur ce "rien" en roulant le "r" d'un air patelin et dramatique. Je me méfie de la part de comédie dans les étonnements de Stefano, et je gardai un silence interrogateur.

« — Cette personne est la femme la plus mystérieuse que j'aie rencontrée ! insista-t-il. Très belle ! Il demeura songeur. Très riche, sans doute... Redoutable et maléfique comme toutes les blondes !

« Sa femme, Viviana, une brune ravissante, me prit à témoin :

« — Carlotta est une de mes amies : il est jaloux !

« — Je ne suis pas jaloux ! Au contraire...

« À ces mots, nous entendîmes l'invitée qui se débarrassait de son manteau dans le vestibule. Familière de la maison, elle échangeait quelques paroles avec le maître d'hôtel, s'exprimant dans un italien qui me sembla parfait.

« Une cinquantaine d'années — la cinquantaine bien portée ! Blonde en effet, grande, mince. Une jupe droite. Une veste orange, tissée de fils d'argent à peine visibles. Du chien, de l'aisance ! Un mélange de classicisme (la jupe noire) et de quelque chose de très moderne (le tissu fluorescent) : "Carlotta von Pilzen". Je n'eus pas le loisir d'en avoir une impression quelconque. Deux couples d'universitaires arrivèrent, suivis d'un musicologue et d'un riche industriel que l'on me destinait peut-être, car je le rencontrais à tous les dîners de Stefano et de Viviana.

« À table, le musicologue et Luca, l'industriel, firent assaut de savoir, évoquant les thèmes à la mode. Les *libretti* de Da Ponte, la dernière interprétation de Haendel, la Bartoli dans le rôle de Didon. Carlotta intervenait sans forfanterie. Elle avait la voix douce, avec quelque chose de précis dans les inflexions. Elle pesait ses mots et retenait l'élan de ses phrases. Bien qu'elle semblât sûre d'elle-même, elle gardait de la prudence dans ses propos, une sorte de réserve. Elle retournait avec grâce les flatteries de ses voisins en compliments pour eux. Tous fondaient de plaisir devant un tel respect de leurs opinions.

« Au salon, elle continua d'animer la conversation, calmement.

« Mais, à minuit, elle expliqua qu'elle était désormais une vieille, très vieille dame... et demanda à Viviana de lui appeler un taxi. Les hommes s'offrirent de la raccompagner — fût-ce en arrachant leurs épouses à la grappa qu'elles dégustaient. Elle refusa, non sans fermeté, s'approcha de Stefano, qu'elle dépassait d'une tête, et l'embrassa.

« — Où vas-tu ? demanda-t-il avec intensité, en la serrant contre lui. Où cours-tu ?... Chez un amant, sûrement. Ce ne peut être que la passion qui te fait nous abandonner ainsi !

« — Évidemment ! lança-t-elle en souriant.

« Elle se détacha et s'esquiva.

« — Va ! Va ! claironna-t-il, affectant d'être blessé par semblable abandon, va, je ne te retiens pas !

« Il jouait si bien la vexation qu'il finit par se sentir réellement contrarié. La porte à peine refermée, il se tourna vers moi.

Carlotta ou la vertu maîtrisée

« — Toi, la romancière, dis-moi où elle va !

« — Elle rentre chez elle, tiens donc, repartis-je prudemment, songeant à filer moi aussi.

« — Chez elle ? ricana Stefano. Vous, les Françaises, vous êtes vraiment des hypocrites ! Cette femme-là avait "tout" de celles qui sortent de ce que vous appelez un "cinq à sept", et elle y retournait, ou je ne m'y connais pas !

« — C'est quoi avoir "tout" du cinq à sept ? demandai-je en le provoquant.

« — Tu as vu la couleur de sa bouche quand elle est arrivée ? Et puis ses yeux... Quelque chose d'enflammé dans le regard... J'ai raison, n'est-ce pas ?

« Les convives l'approuvèrent : belle comme l'était la von Pilzen, elle ne pouvait en effet rentrer à cette heure chez elle où rien ne l'appelait. Avait-elle une famille ? Non, pas d'enfants... Ni de poste à l'université : pas de thèses à relire, pas de copies à corriger. Donc...

« — Je vous fiche mon billet qu'en sortant d'ici elle file au Vatican, clama Stefano. Je la vois qui se hâte sur le pont, sa silhouette se confond avec les statues des anges. À la grand-porte, elle présente son laissez-passer aux gardes suisses. Son parfum de femme se mélange aux vapeurs de l'encens qui s'échappe des oratoires privés. Ses talons claquent sous les fenêtres du Saint-Père. Elle se glisse dans les appartements d'un *monsignore*, l'un des prélats proches du pape... Stefano marqua une pause avant de conclure : ... Quand j'y pense, je n'ai jamais vu Carlotta accompagnée d'un homme !

Le salon des petites vertus

« — Peut-être ne les aime-t-elle pas ? proposa l'une des dames.

« — *Lesbica !* s'exclama Stefano avec gourmandise.

« — Sûrement pas ! trancha, péremptoire, une grosse bourgeoise. Je les détecte tout de suite, moi, les femmes qui me désirent : elles me mettent tellement mal à l'aise !

« — Si cette blonde a des hommes dans sa vie, reprit Stefano, tragique, elle les cache ! Ils doivent être affreux ! Irregardables. À mon avis, elle a des goûts pervers : une passion pour les monstres ! Elle doit rechercher les nains, les bossus...

« — Arrête ton cirque, Stefano ! réprouva de nouveau sa femme qui, sous couvert de le gronder, riait et le poussait plus avant dans ses divagations. *Finita la commedia !* Ne l'écoutez pas, il cabotine comme d'habitude...

« — Tu ne crois pas qu'elle a honte de ses vices ? Alors pourquoi a-t-elle traité si durement ce pauvre Luca qui est, lui, un garçon superbe, intelligent, irrésistible ?

« Stefano s'était tourné vers l'industriel, nous apprenant — non sans cruauté — qu'il avait essayé de séduire Carlotta et qu'elle lui avait résisté.

« — Dis la vérité, Luca, sinon Viviana prétendra encore que j'exagère : n'est-ce pas que notre amie t'a allumé... pour finalement t'envoyer sur les roses ?

« Luca rit d'un air gêné.

« — Disons que c'est une personne ambiguë...

« — Je m'accorde avec Luca, intervint le musicologue : votre amie autrichienne ne sait pas ce qu'elle veut.

« — C'est-à-dire ? demandai-je, perverse à mon tour et soupçonnant qu'elle avait dû l'éconduire, lui aussi.

« — À mon avis, intervint l'une des épouses, cette femme *n'aime pas l'amour*... Elle en a peur ! Qu'elle soit vierge, au fond, ne m'étonnerait qu'à moitié.

« — Évidemment, elle est vierge ! triompha le musicologue.

« — Ou à demi déflorée, tempéra Luca qui trouvait, dans l'idée de ce travail jadis inachevé par autrui, une justification à l'avortement de sa propre entreprise.

« — Elle a été mariée ? demandai-je pour changer sinon de sujet, du moins d'angle sur la vestale autrichienne.

« — Mariée ? Ah, mystère ! scanda Stefano en levant les bras au ciel.

« — Comment l'avez-vous connue ?

« — Par des amis en Angleterre, intervint Viviana. À Glyndebourne. Avant que je rencontre Stefano. Il y a quinze ans.

« — Que faisait-elle à Glyndebourne ?

« — Elle était chef d'orchestre.

« — Chef d'orchestre ? Mon intérêt s'accrut vertigineusement. Une *femme* chef d'orchestre ? Mais c'est extrêmement rare !

« — Les femmes ne sont pas douées pour cette discipline, trancha le musicologue. La direction d'orchestre requiert trop de maîtrise de soi et d'autorité sur autrui.

« — Les milieux de la musique ont la réputation d'être particulièrement misogynes, opina l'une des historiennes d'art. Songez à la poigne qu'il faudrait à une femme pour imposer sa volonté à une formation d'hommes : des professionnels, des artistes, persuadés chacun de son propre savoir et de son génie personnel.

« — Mais quelles œuvres Carlotta dirigeait-elle à Glyndebourne ? insistai-je.

« — Un opéra de Mozart... *Così fan tutte*..., répondit Viviana. Cinquante musiciens. Elle avait alors trente-cinq ans.

« — Vous le saviez ? demandai-je en me tournant vers le musicologue. Carlotta von Pilzen était...

« — À la mode, coupa-t-il, sibyllin.

« — Vous en dites trop ou pas assez ! conclus-je en riant.

« Tandis que Viviana me raccompagnait jusqu'à la porte, elle me glissa :

« — La carrière de Carlotta a été interrompue par un scandale à Paris...

« Mon taxi arrivait. J'avais une minute pour sortir du palais.

« — N'en parle pas à Stefano ! me jeta-t-elle. Il ignore cette histoire.

« Je n'en sus pas davantage.

« Je dois vous avouer que j'oubliai complètement Carlotta et ne conservais de la soirée qu'une leçon : "Discrétion sur ma propre vie !"

« Je ne donnais, durant l'hiver, aucune prise à la curiosité de Stefano quant à mes amours : je savais que ce fouilleur d'archives, ce bâtisseur de cathédrales, inventerait tout seul ce qui lui conviendrait.

« L'été dernier, je recommençai d'accepter leurs invitations. Mais je ne rencontrai plus Carlotta von Pilzen chez eux. Stefano me dit sèchement qu'elle les avait "lâchés" — comme je l'avais fait moi-même ; qu'elle avait disparu, les laissant sans nouvelles ; et que, comme moi, elle devait courir Rome, la nuit, avec un homme... un amant qu'elle avait de bonnes raisons de leur cacher.
« Viviana levait les yeux au ciel : ses mimiques pouvaient signifier qu'aucun crédit ne devait être accordé aux élucubrations de son mari.
« Elles pouvaient aussi signifier : "Chacun trouve son bonheur où il peut".
« — D'autant, précisait-elle, que la baronne Carlotta von Pilzen en a fait bien d'autres.
« Par bribes, Viviana finit par nous faire le récit de ce "scandale" qui avait entaché jadis la réputation de cette chaste quinquagénaire, dont les salons romains avaient l'innocence de supposer qu'elle était *vierge* et qu'elle avait *peur* de l'amour !
« — Le père de Carlotta, richement marié à Vienne, appartenait à la petite aristocratie. Antinazi de la première heure, il s'était réfugié en Suisse, où il vivait en concubinage avec la mère de Carlotta, italienne et juive. Elle naquit de ce couple illégitime.

« Au lendemain de la guerre, le père s'installa à Rome. Je ne me rappelle plus ce qu'il y faisait. Diplomate, peut-être ? La chose paraît improbable s'il vivait avec sa maîtresse... Quoi qu'il en soit, Carlotta grandit ici. Elle ne quitta la ville pontificale qu'à l'adolescence, quand son père rentra à Vienne, divorça de son épouse autrichienne et la reconnut légalement.

« Carlotta von Pilzen fut alors admise au prestigieux conservatoire de Munich. Elle y étudia le violon, la composition, le contrepoint, l'harmonie et suivit des cours de "direction d'orchestre". Elle devint à dix-sept ans la maîtresse du vieux chef Blömen. Il la mit brutalement dans son lit et la largua aussi vite.

« D'homme marié en homme marié, elle allait ainsi nouer des liaisons successives avec de grands interprètes. D'échec émotionnel en désastre sentimental, elle avala toutes les couleuvres, ne fit aucune vague et continua d'avancer, le sourire aux lèvres. Elle avait l'esprit d'accepter le narcissisme de ses compagnons, ne s'offusquait jamais de leur muflerie, se laissait prendre et quitter. Sans drame.

« La fréquentation de plusieurs musiciens de génie lui permit bientôt, non seulement de se perfectionner dans son art, mais de naviguer dans les milieux musicaux les plus sophistiqués... Ses amants la hissaient à un niveau auquel son jeune talent ne pouvait prétendre. Carlotta jouait certes du violon avec une aisance, un charme qui n'appartenaient qu'à elle. Et bien qu'elle ne fût dotée ni d'une originalité ni d'une technique spectaculaires, elle progressait avec une jubilation simple et facile, qui donnait à croire qu'elle deviendrait excellente. Oui, douée, très douée. Mais de là à interpréter le premier rôle sur une scène internationale... L'éventualité paraissait improbable.

« Pour les administrateurs de théâtre du monde entier, Carlotta von Pilzen devenait pourtant "incontournable". Elle seule pouvait obtenir le concours de telle diva pour tel spectacle ; réunir Pavarotti et Domingo dans un concert. Son réseau "d'amis" — au palais Garnier, à l'Opéra-Bastille, à la Scala de Milan, au Metropolitan de New York — la plaçait au cœur de toutes les entreprises. Les hommes qui l'avaient eue dans leur lit, une nuit, un mois, un an, quelquefois plusieurs années, gardaient de leur liaison avec elle un souvenir tellement ému. Reconnaissant même... *Elle était toujours intelligente, si pleine de tact, Carlotta, de bon conseil, et puis agréable à regarder !...* Oui, un souvenir "délicat" qui les portait, par une subtile combinaison de nostalgie et de culpabilité, à encourager ses projets, à soutenir sa candidature aux postes les plus convoités.

« Et c'est ainsi qu'elle obtint, à l'âge de trente-cinq ans, la direction de l'Orchestre philharmonique de *** — au grand scandale, à l'immense surprise de tous ceux qui n'avaient pas couché avec elle.

« Ce succès phénoménal, elle le devait à une accumulation de petites souffrances cachées qu'elle avait su utiliser comme autant de marches vers la lumière. En douceur, elle avait atteint les sommets ;

Le salon des petites vertus

en souplesse, elle se juchait au pinacle. Mais au prix d'une tension perpétuelle et d'une maîtrise de soi dont aucune d'entre nous ne peut avoir idée. Tout reposait sur la capacité de Carlotta à transformer ses échecs les plus intimes en victoires professionnelles. Tout résultait de son intelligence et de son sang-froid.

« L'amour-propre de la von Pilzen, trop longtemps écrasé sous la vanité de ses partenaires, explosa-t-il quand elle put s'emparer du pouvoir ?

« Quoi qu'il en soit, survient ici cet acte indécent qui contredit tout ce qu'elle semblait être. Si l'on songe que Carlotta ne s'était jamais offert une bouderie envers ceux de ses amants qui l'avaient maltraitée ; une larme pour déplorer de n'être pas aimée par ces êtres brillants qu'elle aurait voulu s'attacher. Pas une faute de goût. Pas un écart, une ruade en trente-cinq ans... La violence, la grossièreté de sa vengeance sur le seul homme qui, peut-être, ne méritait pas un tel traitement, ne laissent pas d'étonner !

« Elle était alors la maîtresse d'un homme d'affaires français, président-directeur général d'une multinationale trop importante pour que je vous la nomme. De toutes les personnalités dont Carlotta avait partagé les loisirs, Pierre Vallé restait le plus avide, sinon de plaisir, du moins de connaissances. Avec une curiosité insatiable, il l'avait entraînée dans des périples aussi lointains, excitants et dangereux qu'ils pouvaient être luxueux et sybaritiques. Le raffinement n'était pourtant pas le trait distinctif de Pierre. Sportif, tyrannique et d'une énergie sans mesure, il ne mettait pas de frein à sa détermination, pas de bornes à sa volonté. Il cultivait son corps et son esprit à la façon d'un Romain d'autrefois : par la force. Et s'il savait faire le nécessaire pour séduire les dames, le mécanisme de son désir s'apparentait à la chasse bien plus qu'à l'amour.

« Cet homme brillant, viril et puissant, devait une grande part de sa position sur l'échiquier international à la fortune de sa femme dont le nom — Rockefeller, Rothschild ? — lui avait ouvert pas mal de portes. Sur bien des plans, l'épouse et la maîtresse se ressemblaient. Grandes, minces, blondes, bref, "nordiques" l'une et l'autre, elles partageaient la même distinction, la même grâce et les mêmes capacités... Je crois que l'épouse était conservatrice au Louvre, ou directrice des relations publiques au Metropolitan, et qu'elle avait la réputation de jouir d'une solide formation intellectuelle. Pourquoi la trompait-il avec son double, Carlotta von Pilzen ? mystère !

« Leur liaison durait depuis trois ans, un bail pour tous deux. Il aimait la musique. L'opéra tout particulièrement. Il avait sa loge à la Scala. Les succès professionnels de Carlotta entraient donc pour beaucoup dans l'"affection" de l'industriel. Elle flattait son orgueil. Tenir entre ses bras ce rare phénomène, l'un des seuls chefs d'orchestre qui fût une femme mondialement célèbre — belle de surcroît, intelligente, et libre — rendait sa conquête nécessaire et sa compagnie excitante.

« Mais ce matin-là, dans la chambre conjugale de son immeuble de la place du Palais-Bourbon, il était pressé. Il la poussa — devrais-je dire la "jeta" ? — hors du lit, lui intimant l'ordre de filer avant le retour de son épouse qui rentrait de voyage. Le mépris que cet ordre exsudait secoua Carlotta qui, pourtant, en avait vu bien d'autres.

« Tandis qu'il occupait la salle de bains, lui déniant à elle le droit au brossage de dents, au coup de peigne, au remaquillage, elle mesura que ce Pierre la traitait comme l'avaient traitée tous les autres : en courtisane. Une putain que l'on jette quand on n'en a plus l'usage. Moins qu'un animal, moins qu'une plante verte, moins que rien.

« Elle agrafa son soutien-gorge avec agacement, enfila son bas avec colère, zippa sa jupe avec fureur. Elle se disait qu'elle avait droit — oui, droit ! — à un minimum de respect. Cet homme qui se rasait dans la pièce d'à côté, elle avait partagé ses dîners, ses avions, ses lits ; subi ses étreintes, reçu ses baisers. Elle ne lui demandait pas de tendresse : elle l'en savait incapable. Ni d'amour. Mais du respect. "Un minimum de respect !" Ce fut avec cette idée que son regard tomba sur les clefs de Pierre, posées sur la table de nuit.

« — Tu es encore là ? hurla-t-il en passant le nez dans la chambre. Je t'ai dit de filer ! Et ne te fais pas voir en sortant !

« Elle s'empara du trousseau, tira précautionneusement la porte et ferma à triple tour les quatre verrous de la porte blindée derrière elle.

« En se rasant, tous robinets ouverts, Pierre ne l'entendit pas partir. Il avait une journée chargée. Outre le retour de sa femme — qu'il trompait sans

Carlotta ou la vertu maîtrisée

vergogne, mais à laquelle il était attaché par mille liens familiaux et sociaux —, il négociait ce jour-là un contrat extrêmement compliqué avec un groupe d'hommes d'affaires chinois dont l'habileté sollicitait son attention. Il aimait à la folie ce genre de sport. Ce fut donc avec l'impatience du lutteur fin prêt pour la bataille qu'il chercha, à leur place habituelle, ses clefs. En vain ! Il ne s'embarrassa pas outre mesure, et pensa — un peu surpris tout de même par cette sorte d'inattention qui ne lui ressemblait pas — qu'il les avait laissées au bureau. Son épouse rentrait dans quelques minutes : il ne prenait pas grand risque en sortant sans fermer derrière lui. Mais quand il tenta d'ouvrir la porte et qu'elle lui résista, alors il comprit qu'il se trouvait prisonnier ! Il crut d'abord que la serrure s'était enrayée. Quinze jours plus tôt, il avait fait installer un système de blindage extrêmement sophistiqué, une combinaison magnétique qui rendait impossible le cambriolage de sa collection de tableaux. Quiconque tenterait de forcer cette porte — fût-ce la compagnie de serrurerie — y mettrait la journée ! La seconde suivante, Pierre avait compris : la seule responsable de son emprisonnement était la douce von Pilzen. Quelle mouche avait piqué Carlotta de lui jouer ce tour ? Agacé, mais sans inquiétude, il se tourna vers le téléphone et lui laissa un message aigre-doux sur son répondeur. Il se doutait bien qu'elle ne l'entendrait pas : elle serait revenue le délivrer bien avant de rentrer chez elle. À peine eut-il raccroché qu'il téléphona, par mesure de précaution, à la Maison de la Radio où il savait qu'elle

Le salon des petites vertus

devait enregistrer un morceau de Mozart : Mme von Pilzen n'était pas arrivée. Il laissa un nouveau message : "Qu'elle me rappelle d'urgence." Puis il téléphona à "Élisabeth", sa précieuse secrétaire, qu'il ne trouva ni chez elle, ni au bureau. À cette heure, "Élisabeth" devait sommeiller dans le RER. La moutarde commençait à lui monter au nez. Il rappela la Maison de la Radio. Mme von Pilzen était entrée en studio d'enregistrement et ne pouvait être importunée... Fou de rage, cette fois, Pierre ordonna qu'on la lui passe immédiatement. Elle ne se dérangea pas, mais son assistant vint prendre le combiné, assurant à l'homme d'affaires qu'elle le rappellerait sans faute, la répétition terminée. Pierre n'était pas de ces hommes à se contenter d'une fin de non-recevoir par un subalterne. La façon dont il exigea de l'assistant qu'il interrompe Mme von Pilzen ne laissa guère le choix à son interlocuteur. Il s'exécuta et Carlotta vint enfin au téléphone. Le déluge d'injures qu'on lui servit n'eut d'égal que le calme avec lequel elle répondit :

« — J'arrive.

« Pierre raccrocha, soulagé.

« Carlotta suspendit la répétition — cent musiciens qui avaient été retenus pour un "service" de trois heures —, prit sa voiture, remonta l'avenue de Lamballe et s'arrêta à la petite droguerie qui fait l'angle avec l'avenue Mozart. Elle y acheta deux bombes de peinture rouge. Elle gara sa voiture place du Palais-Bourbon, devant le fleuriste Moulier-Savard, traversa la rue de Bourgogne et pénétra dans le plus cossu des immeubles qui fait face à l'Assemblée.

« Il faut imaginer le vestibule de ces maisons Louis XVI, le dallage de marbre noir et blanc, les portiques, les colonnes, l'ascenseur derrière ses panneaux de laque, et la loge de la gardienne avec ses frises, ses stucs et ses rideaux de dentelle. Ce fut ce hall, hanté par les grandes familles d'industriels français, que Carlotta tagga en rouge sang. Elle peinturlura les murs et les sols, les colonnes et les marches. Graffitis obscènes, insultes accusatrices et dénonciations salaces montèrent en volutes dans toute la cage d'escalier, jusqu'au palier de Pierre Vallé. *Tu sens mauvais, Pierre, et tu baises mou...* Deux étages de grossièretés illustrant ses turpitudes et sa muflerie.

« Quand elle eut vidé ses deux bombes, elle ressortit posément, jeta d'un geste désinvolte les clefs dans le caniveau, reprit sa voiture, et retourna à sa répétition.

« Pierre, sans nouvelles de Carlotta et craignant qu'à cette heure sa femme ne tombe nez à nez avec sa maîtresse sur son palier — le même trousseau de clefs à la main devant sa porte —, avait fini par joindre sa secrétaire, laquelle avait appelé son serrurier. Tous deux étaient en route pour faire sauter les serrures. Au diable l'avarice : la conduite de cette garce de von Pilzen allait coûter à Pierre la bagatelle de quarante mille francs. Sans commune mesure cependant avec la perte du contrat chinois s'il venait à manquer le rendez-vous...

Le salon des petites vertus

« La stupéfaction de la secrétaire en découvrant l'entrée de l'immeuble, les caricatures révélant les parties intimes de son patron, les dessins obscènes associés à *Pierre Vallé* — ce nom respectable et célèbre, accolé à toutes ces horreurs —, je vous la laisse mesurer. Comme je vous laisse imaginer la tête de l'épouse, fendant l'attroupement des locataires, des propriétaires, des gardiens ; son expression, en enjambant avec ses valises les seaux d'eau, les balais, les brosses, l'armée des laveurs qui tentaient d'effacer sa honte et l'étalaient en grandes traînées sanglantes jusqu'au palier où s'affairaient les serruriers. Son regard en les écartant, en enfilant sa propre clef dans la serrure...

« ... Qu'il me suffise de vous dire que le mariage de Pierre Vallé ne s'en remit pas et que la transaction avec ses homologues chinois n'eut pas lieu.

« Quant à Carlotta, elle vécut dans un état d'exaltation proche de celui des grands conquérants qui reviennent d'une victoire au bout du monde. D'une victoire ou d'un désastre. Pour elle, le pire était derrière. Elle avait *osé*. Osé dire, osé faire ce que, dans ses rêves les plus fous, elle n'aurait pas même osé concevoir.

« Le malheur voulut que l'une des concierges du VIIe arrondissement informât la presse du scandale qui agitait son quartier. Qualifié de "libération héroïque" ou d'"indigne vengeance", l'acte du chef Carlotta von Pilzen fit les gros titres de *France-Soir* et la une des tabloïds.

« Le résultat ne tarda guère : les hommes qu'elle était censée diriger, les professionnels dont elle

Carlotta ou la vertu maîtrisée

canalisait le génie et les rivalités, tous "ses" musiciens qu'elle conduisait à son but en les maintenant de force sous l'autorité de sa baguette, prirent avantage de ce que chacun reconnaissait pour une faiblesse. Après pareil laisser-aller, on pouvait tout se permettre avec elle ! Elle ne maîtrisait plus son orchestre. Du moins tentait-il de lui résister... Comment faire confiance à une femme, à un chef, qui ne se contrôlait pas lui-même ?

« *Carlotta von Pilzen n'a relevé la tête que pour se la couper,* disait-on dans les cercles musicaux. Une à une, les portes se fermèrent devant elle... »

« — Je l'espère bien ! s'écria Stefano, interrompant brutalement le récit de sa femme. Si j'avais su cette histoire plus tôt, fulmina-t-il, je n'aurais pas exposé mes amis aux débordements de cette folle chez moi ! Penser qu'elle aurait pu jouer pareil tour à ce pauvre Luca...

« Se sentait-il personnellement menacé par cette violence féminine à laquelle il affectait de ne rien comprendre ? Redoutait-il, a posteriori, un acte du même genre contre lui-même ? Il semblait au comble de l'exaspération.

« Partagée, quant à moi, entre son effroi et une forme d'admiration pour le culot de cette femme, je pris le parti de rire.

« — J'avoue que je l'aurais crue plus subtile dans la vengeance. Mais reconnais, Stefano, qu'elle ne manque pas d'audace.

« — ... Une cinglée ! Une hystérique !

Le salon des petites vertus

« Viviana ne disait mot et laissait la narration inachevée. Mais son air de triomphe devant la fureur de son mari, son expression de victoire muette me donnèrent fugitivement à penser que j'assistais, entre les époux, à un règlement de comptes auquel les aventures passées de Carlotta von Pilzen servaient de cadre et de prétexte... Je dois vous confier, mesdames, ajouta Laurence Desnos en s'adressant à son auditoire, que je demeure incertaine de mon interprétation sur ce point : j'ai quelquefois l'impression de ne pas *tout* comprendre aux spectacles que m'offrent mes amis romains. Il arrive que le sens de certaines répliques, de la gestuelle, du regard, m'échappe.

« Quoi qu'il en soit, Viviana ne me laissa pas le loisir de pousser mes réflexions plus avant et acheva, s'adressant à Stefano :

« — Tu te plaignais tout à l'heure que la von Pilzen ne nous ait plus donné signe de vie ? Mais le monde de la musique est en révolution. Dans la plupart des académies, du nord au sud de l'Italie, les engagements des chœurs, le choix des programmes, les invitations aux musiciens étrangers relèveront bientôt de la décision d'un chef d'orchestre autrichien.

« — Carlotta von Pilzen ? m'exclamai-je. Mais le scandale... Les bombes de peinture rouge ? La grossièreté des insultes ? L'arrivée, dans cet immeuble bourgeois, de la pauvre épouse trompée, humiliée... Je croyais que sa conduite à Paris, la crise d'hystérie contre son amant Pierre Vallé, avait brisé sa carrière !

Carlotta ou la vertu maîtrisée

« — Qui a pu te faire croire une chose pareille ?
« — Toi !
« — *Basta !* gronda Stefano, coupant court à notre échange. On ferait bien de lancer une opération *Mani pulite* sur cette ville... contre la Mafia des Rombières.

« De Carlotta von Pilzen il ne fut donc plus question chez les Ursito. Toute la faramineuse curiosité de Stefano, son intérêt pour les mystères de la dame tombèrent d'un coup. Lui, si disert, ravala ses commentaires et n'en parla plus.

« L'histoire de Carlotta, qui se rapprochait plus du ragot que de l'épopée, me sortit de la tête aussi vite qu'elle y était entrée...

« Jusqu'à la soirée d'hier.
« Conviée à dîner, je trouvai le professore seul — chose qui n'arrive jamais... Tête basse, l'œil noir et la moustache en bataille, il ne se leva pas pour me recevoir. Je traversai le salon et m'assis, face à lui, hésitante. Je le sentais plein d'aigreur... À mon égard ? Qu'avais-je fait pour le contrarier ? Je ne l'avais plus négligé, abandonné, "lâché !" comme il aimait à le répéter, en paraphrasant Mme Verdurin.

« Il mettait maintenant tant d'ostentation à son silence que je crus un instant qu'il jouait la comédie, qu'il feignait la colère. Comme il avait feint, lors du premier dîner, sa curiosité envers la von Pilzen, quand il théorisait sur les vierges, prêchant le faux pour savoir le vrai, s'amusant de ses propres bouffonneries. Viviana n'avait-elle pas dit que Stefano se divertissait de ces jeux formels, qu'il était toujours en scène, qu'il cabotinait ?

« Ce fut avec une apparence d'exaspération qu'il m'apostropha :

« — Toi, la romancière, fais-moi le récit du passé de Carlotta...

« — Je ne l'ai vue qu'un soir chez toi, je ne la connais pas ! Que veux-tu que je te raconte ? Je n'en sais rien...

« — "Rien !" répéta-t-il, amer et triomphant, avec cette emphase dans le roulement du "r", tel qu'il le prononçait lors du premier dîner. Répète-moi l'histoire que Viviana nous a racontée...

« — Tu ferais mieux de la lui demander, à elle !

« — Non. En la circonstance, Viviana occultera les faits. Elle changera les détails. Elle cherchera à m'influencer. Raconte-moi, toi, ce que nous avons déjà entendu tous les deux...

« J'esquissai une moue dubitative et tentai de rassembler mes idées. Je ne comprenais pas où il cherchait à me conduire. Mais nul ne peut résister aux caprices de l'*illustrissimo professore* Ursito. Je commençai.

« — *La mère de Carlotta était italienne* — je me trompe ? *Son père, antinazi de la première heure, originaire de la petite aristocratie autrichienne et richement marié à Vienne... Carlotta a grandi à Rome, jusqu'à l'adolescence...*

« — Tu sais d'où j'arrive ? aboya-t-il en me coupant la parole, tu sais d'où j'arrive, ce soir ?... Du couvent de l'Immacolata Conceziόne !

Carlotta ou la vertu maîtrisée

« — Ah, oui ? De concert avec le Vatican, tu prépares le Jubilé dans les couvents du Moyen Âge ?
« — Convoqué par la nouvelle mère abbesse !
« — Toi ? Pourquoi ?
« — À propos de ma nièce Irene ! Sarcastique, il ricana. En religion : madre Maria della Santa Virginità.
« — Tu parles de la vieille dame que j'ai croisée chez toi, cette religieuse très austère avec laquelle j'aurais aimé...
« — ... Baiser toi aussi ? explosa-t-il, mélodramatique.
« Je restai sans comprendre.
« — ... Coucher avec elle, comme la von Pilzen ! poursuivit-il en tonnant.
« Abasourdie, je ne réagis pas.
« — Tu le savais — Viviana t'avait mise dans le coup —, vous le saviez *toutes* que ce salon servait de lupanar à ces deux gouines !
« La moutarde me montait au nez.
« — Qu'est-ce que tu racontes ? grondai-je, glaciale. Tu dis n'importe quoi, mon pauvre Stefano.
« — Je dis la vérité, s'emporta-t-il avec la violence d'un enfant qu'on accuse à tort. Cette maison, ma maison, est *le* grand bordel de Rome... Et ma propre épouse : une entremetteuse, une mère maquerelle !... Bien sûr, toi, la romancière, tu le savais !
« — Mais quoi ?
« — Que la von Pilzen et la mère Marie de la Sainte Virginité se lichotaient le bouton...
« J'écarquillai les yeux.
« — Tu en es certain ?... C'est sensationnel !

145

« Cette phrase — le convainquant peut-être de ma bêtise et de ma sincérité — calma d'un coup Stefano. Sans doute lui fit-elle entrevoir l'aspect purement cérébral de l'affaire, l'angle intellectuel qui permettait de dépasser l'anecdote pour en faire un cas mythique, l'archétype même d'une Rome fin de siècle.

« — L'écho des amours de ma nièce m'arriva en Angleterre quand je faisais mes études à Oxford, commença-t-il. Tu vois si l'histoire est ancienne. À la suite d'un chagrin d'amour, Irene, la fille de mon frère aîné — une merveilleuse violoniste blonde —, était entrée chez les sœurs de l'Immacolata Conceziόne qui tenaient une institution pour demoiselles de bonne famille. Irene — désormais mère Madre Maria della Santa Virginità — leur enseignait le solfège, le violon et le chant. Elle se lia avec la plus talentueuse d'entre elles, une toute jeune fille, d'origine viennoise. Les voix des deux musiciennes se répondaient dans la chapelle ; leurs mains se nouaient en chantant... Tu sais ce que sont ces amitiés trop intimes, dont les couventines et les religieuses jasent dans les allées d'un cloître... La supérieure de l'époque voulut pourtant fermer les yeux et n'entendre que l'hymne qui montait vers Dieu, la voix des anges. Il lui devint néanmoins difficile d'étouffer la rumeur qui finissait par couvrir le chœur des vierges. Au terme de plusieurs semonces — on leur interdit de rester seules dans une même salle et même de s'adresser la parole —, on finit par se résoudre à renvoyer discrètement la petite virtuose dans ses foyers. La chose se fit sans

Carlotta ou la vertu maîtrisée

difficulté : le père, diplomate, quittait Rome. Leur séparation ne changea rien à l'affaire. Madre Maria della Santa Virginità et son élève continuèrent de correspondre en cachette... Oui, durant plus d'un quart de siècle, elles continuèrent de s'écrire et cherchèrent à se retrouver partout où leur présence ensemble n'attirerait pas l'attention. Elles se donnèrent des rendez-vous dans les lieux les plus incongrus et se rejoignirent... chez moi, parmi mes instruments de musique ! Ah, s'écria-t-il, amer, quand je prétendais que la Pilzen, en sortant de dîner ici, se rendait chez un amant monstrueux, qu'elle filait au Vatican chez un *monsignore,* je ne me trompais pas de beaucoup...

« — Leur histoire a donc duré toute la vie ! m'exclamai-je, admirative.

« — Au-delà, gronda sinistrement Stefano. *Post mortem !* Le couvent m'a convoqué cette après-midi pour régler les affaires de ma nièce, décédée il y a un mois. En tant que chef de famille, j'ai été nommé son exécuteur testamentaire. Par elle, la garce ! Madre Maria della Santa Virginità lègue sa fortune non pas à son ordre, ni à sa famille, ni même à ma fille, sa filleule, mais à la fondation Pilzen. Stefano poussa un long soupir d'épuisement. Encore un geste absurde ! Je vais devoir casser le testament, intenter un procès. Que d'ennuis ! Que de tracas !

« — Mais qu'est-ce que la "fondation Pilzen" ?

« Stefano esquissa un geste d'ignorance.

« — Une œuvre de bienfaisance, je suppose.

« — De quelle sorte ?

147

Le salon des petites vertus

« Il ne se donna pas la peine de répondre.

« — Vraiment, les blondes sont des créatures maléfiques ! On les laisserait faire, elles vous mettraient le chaos dans toute l'administration romaine... »

Sur cette absurdité, le dernier tropisme du professore Ursito, Laurence Desnos — réprimant un gloussement — conclut son récit et posa un regard complice sur son auditoire. Elle attendait un sourire, une plaisanterie. Elle fut déçue. Son anecdote tomba dans un silence glacial.

Pauvre Desnos : elle avait habité New York, elle arrivait de Paris... Elle ne mesurait pas que la Ville éternelle reste un village ; que ses auditrices avaient grandi avec ses acteurs ; qu'ils mûrissaient ensemble et vieilliraient de concert. L'une avait flirté, jadis, avec les frères de Stefano ; la deuxième restait la meilleure amie des cousines de Stefano ; et les autres... Eh bien, deux des trois autres avaient été les épouses de Stefano ! Leurs enfants respectifs auraient dû hériter la fortune de la nièce religieuse, en partie du moins, et dépendaient de la pugnacité de Stefano dans la lutte pour la conservation de leur patrimoine.

À la décharge de la narratrice, précisons qu'aucune de ces dames — même quand elles étaient mariées avec lui — ne portait le nom de l'éminent professeur : elles avaient gardé leur nom de jeune fille, selon l'usage dans les milieux professionnels italiens. Mais formuler les alliances passées, les combinaisons futures, *dire* était ici un effort inutile : quiconque se flattait d'*appartenir*... savait ! De quoi se mêlait cette étrangère, en venant se moquer du chef de famille — dont elles-mêmes avaient divorcé dans les larmes et qu'elles critiquaient sauvagement ? Oui, de quoi se mêlait-elle en colportant ces infâmes histoires de lesbiennes, ces cancans qui salissaient la mémoire d'une vénérable parente ?

Un rire muet était donc passé dans le regard d'Émilie d'Entraygue quand « notre si jolie romancière » avait situé son anecdote piazza Navona, sur une terrasse au même niveau que son *salotto*... Exit la romancière, la vieille d'Entraygue tenait sa revanche.

— Pauvre Desnos, qui dévoilait les secrets d'alcôve sans les comprendre ! soupira Émilie en reprenant le récit — bien des mois après que son invitée l'avait interrompu. Ce manque de tact, ses indiscrétions lui ont coûté cher : on ne l'a plus reçue ! Moi-même, j'ai dû lui fermer ma porte !... Son journal la payait à ne rien faire ici. N'obtenant aucune information qui ne soit déjà parue dans les autres magazines, sa rédaction l'a rappelée à Paris. A-t-on idée d'être aussi naïve ? De se fier à ce point aux apparences ? Oui, pauvre Desnos : elle a cru à ce qu'elle voyait à Rome. Le soleil, la lumière... Elle a cru à ce qu'elle entendait : les mots, toutes ces paroles qui s'échangent ici, les bavardages, les confidences. Elle n'avait pas compris que cette ville est une ville de silence. Le *silence* de Rome ?... Je vous vois qui souriez, en songeant aux klaxons des voitures, aux pétarades des Vespa, aux tonnerres des rideaux de fer, aux cris des mouettes, à ce concert de bruits, à ce chœur de voix qui montent, nuit et jour, des pavés de Rome... Et pourtant ! Vous, qui vivez dans l'enceinte des murailles d'Aurélien, vous le savez que ces vociférations ne sont que du théâtre.

— Tout de même, le testament de l'abbesse, l'héritage, le patrimoine des Ursito capté par Carlotta...

— Une mascarade !... Un jeu, une plaisanterie de Stefano pour affoler ses frères et ses enfants ; semer ici la panique, parmi vous mesdames, et chez tous les Ursito en leur laissant croire qu'ils étaient totalement dépossédés... Avouez qu'il nous a fait une belle peur ! Connaissant son goût pour les improvisations, les grimaces, les pitreries, nous aurions dû nous méfier : c'est un personnage de la Commedia dell'arte, *il nostro Professore*. C'est Arlequin, c'est Capitan selon ce qui l'arrange ou l'égaye... Devant la romancière, devant ce public étranger qui croit aux cris, aux soufflets, aux coups de bâton, Scaramouche se surpasse ! D'autant qu'il avait un petit compte à régler avec La Desnos... N'avait-elle pas prétendu résister à sa curiosité ? Ne rien lui livrer de sa propre vie ? Garder ses secrets sentimentaux ?... Stefano n'avait pas réussi à lui faire raconter ses amours, à percer le mystère des liaisons qu'elle avait nouées avec les Romains qu'ils fréquentaient tous deux. Mais il savait qu'elle se jetterait sur l'histoire de la bonne sœur, qu'elle répandrait le bruit de la captation d'héritage, que la rumeur en courrait dans Rome, comme toutes les autres rumeurs... Il se divertit : il aurait tort de se priver.

Émilie marqua une pause pour servir une nouvelle tasse de café à ses auditrices. Après qu'elle leur eût offert le sucrier et la boîte de chocolats de Quiberon, elle reprit d'un air détaché :

— ... Quant aux amours de Carlotta von Pilzen avec la religieuse romaine qui lui aurait enseigné le violon au couvent, sachez que Carlotta n'a pas étudié à l'institution de l'Immaculata Concezióne, mais à l'école allemande... Elle n'avait même jamais rencontré la nièce de Stefano avant de la croiser chez lui ! La von Pilzen et l'abbesse n'ont *aucun* passé commun.

— Mais la Desnos, quand elle nous a répété son histoire...

— Laissez-moi vous rappeler ses sources... De qui tenait-elle toute l'aventure ? De ce farceur de Stéfano !... Sa nièce, madre Maria della Santa Virginità, était en effet très musicienne, et le soupçon d'une amitié particulière avec l'une de ses élèves avait autrefois entaché sa réputation... À Rome il en circule tant, de ces fables sur l'inconduite des religieuses ! Les orgies dans les monastères, les clôtures des couvents forcées, les nonnes enlevées ou violées : d'âge en âge, avec délectation, la ville pontificale se les raconte à elle-même, ces fantasmes. Pain bénit pour Stefano ! Glissant mentalement d'un désordre amoureux à l'autre, il s'est amusé à combiner plusieurs intrigues, à lier tous les scanda-

Le salon des petites vertus

les dans son salon : son imagination restait fort émoustillée par l'idée du coup de grisou parisien de la von Pilzen, qu'avait évoqué Viviana...

— Ils auraient *aussi* inventé l'affaire du « taggage » ? coupa l'une des auditrices, atterrée.

— Comme vous y allez ! L'épisode est probablement authentique... Et l'anecdote, incomplète. Notre romancière nous avait dit qu'en plus de la transaction avec le marché chinois et la perte de sommes folles, la vengeance de Carlotta von Pilzen avait coûté son mariage à l'industriel parisien... Mais elle omettait un détail. Si la femme de Pierre Vallé ne lui pardonna pas l'engloutissement de leurs actions dans la mésaventure, elle fut enchantée par les commentaires peinturlurés sur les murs : *Tu pues et tu baises mou...* La maîtresse de Pierre semblait douée d'un joli don d'observation.

« À mesure qu'elle montait les degrés, l'épouse s'était de plus en plus amusée, se délectant de la cruauté des dessins, de la ressemblance des caricatures. Durant quinze ans de cocufiage, cette grande bourgeoise n'avait-elle pas rêvé de blesser son mari, de le blesser à mort dans sa virilité ? Une autre s'était chargée de la besogne à sa place, la libérant du besoin impérieux de se montrer grossière et monstrueuse. Elle en conçut de la sympathie pour l'auteur d'un méfait qui la soulageait.

« Quand le scandale rendit la vie difficile au chef Carlotta von Pilzen, ce fut donc l'ancienne épouse de Pierre qui la tira d'affaire. Elle ne s'intéressait pas à la peinture et ce n'était pas une Rockefeller, comme l'avait décrite Desnos, en confondant toutes

Carlotta ou la vertu maîtrisée

les sortes de fortunes... Mais une richissime Vignello de Milan, qui s'occupait des affaires musicales de la Communauté européenne, et notamment de la Scala... Elle vint donc très naturellement écouter Carlotta qui terminait son contrat à Paris. Les deux femmes se ressemblaient : elles s'entendirent. L'une offrit, l'autre accepta, des engagements plus avantageux en Italie... Elles n'ignorent pas — elles — que les grands bonheurs et les amours coupables se vivent ici en huis clos. Rien n'en filtre. Pas un son.

— Mais la fondation Pilzen ? L'œuvre de bienfaisance ?

— Les seules œuvres qui touchent la von Pilzen sont les œuvres d'art, chère amie, les opéras de Mozart, de Rossini ! Elle est devenue l'immense chef d'orchestre qu'elle avait rêvé d'être... Que symbolisa l'incident du taggage dans son développement d'artiste ? De quelles entraves, de quel carcan réussit-elle à s'affranchir ? A-t-elle vaincu la peur, en accomplissant cet acte absurde, toutes les peurs qui l'avaient retenue au bord d'une vraie conquête ? Sur un plan esthétique, Carlotta est désormais libre. Et nul ne songerait à lui disputer une gloire, aujourd'hui plus que méritée. Stefano se félicite que sa chère von Pilzen ait réussi ce que nul n'avait réussi avant elle : sa baguette a sorti la ville de cette atmosphère provinciale qui nous étouffe, nous autres les autochtones. Telle est la nouvelle hyperbole qu'il développe, la dernière rumeur qu'il répand...

Émilie sourit et conclut :

— Notre romancière, la jeune femme qui était de passage à Rome l'année dernière, ne manquait

Le salon des petites vertus

pas de lucidité quand elle nous disait : *Entre nous, mesdames, je dois vous avouer que j'ai quelquefois l'impression de ne pas tout comprendre aux spectacles que m'offrent mes amis romains. Il arrive que la signification de leurs regards, de certains de leurs gestes et de leurs répliques m'échappent...* Elle était charmante, la petite Desnos. Dommage qu'elle n'ait pas su jouer le répertoire ! Rome est un théâtre si vivant : les comédies qu'on y donne s'adaptent à toutes sortes de mises en scène.

Masq.ᵉ d'Economie.
Masq. D'ointeressé.
Masq. de Sincerité.
Masq. de douceur.
Masq. de Fidelité.
Masq.ᵉ de Constance
Masq.ᵉ de Charité.
Masq.ᵉ de Modératió.
Masq.ᵉ de Complaisance
Masq.ᵉ de Devotion

Lina
ou
la vertu sacrifiée

— C'est la puissance de la famille qui perdra l'Italie ! assena l'une des convives, en conclusion de ses plaintes quant à l'indiscipline des Romains, aux imbroglios de l'administration et à l'incurie des banques... La fidélité à la cellule familiale supprime toute notion de civisme. Oui, la famille est la seule responsable du désastre national.

— Eh bien, décapitons la famille ! plaisanta la d'Entraygue. Je propose que les mères répondent devant la loi des délits de leurs enfants — et qu'elles soient punies à leur place. Fusillons les mammas dont les fils fraudent le fisc. On verra si la famille n'explose pas, à ce régime ! Et de ce massacre naîtra l'État.

— L'État ? La loi ? Nous ne savons pas ce que c'est, chère amie... Vous, en France, vous n'imaginez pas combien ces mots restent vides de sens pour un Italien... Il y a pourtant ici une règle, une seule... C'est qu'il n'y a *aucune* règle.

— Si vous me le permettez, j'en ajouterai une seconde, renchérit l'hôtesse. Rien dans votre capitale, où les façades des églises occupent plus de place que tout l'édifice ; rien dans ce monde visible qui triomphe, absolument *rien n'est jamais ce qu'il paraît* !

— À qui le dites-vous ! s'exclama la nièce du célèbre cardinal Ettore Bini, la biologiste qui gardait d'ordinaire un silence prudent sur toute chose. Nous, les Romains, sommes les rois du trompe-l'œil.

Émilie d'Entraygue lui tendit sa tasse en susurrant :

— Sur ce chapitre, tu sembles en connaître un rayon...

Chicca Bini ne se fit pas prier. Elle commença.

« Comme vous le savez, la science et la foi sont de tradition dans ma famille. L'usage veut que l'aîné des garçons devienne médecin et reprenne le cabinet paternel. Et que le fils cadet entre dans les ordres : la *Casa Bini* compte près d'une vingtaine de cardinaux en quatre siècles.

« Ma mère avait deux frères plus jeunes : Ettore et Paolo.

« Ettore, l'aîné, étudiait la médecine. Paolo, le cadet, très croyant et respectueux de la coutume, n'aurait eu garde de manquer à l'appel du Seigneur... n'était un trait que sa mère et sa sœur avaient décelé dès son jeune âge : il était trop beau, les femmes l'aimaient, il le leur rendait.

« Ce fut donc Ettore — beaucoup moins bien de sa personne — qui entra à sa place au couvent des Dominicains, se consacrant à Dieu au terme d'études assez brillantes à la Columbia University de New York.

« Oncle Paolo, qui était aussi mon parrain, ne partit pas pour les États-Unis : il acheva ici sa médecine et reprit la clientèle de mon grand-père. Son amabilité et sa spectaculaire beauté lui permirent de développer rapidement son cabinet. Il devint sans contredit *le* généraliste de Rome. Les dames venaient même de Milan pour consulter chez lui.

« Par convention autant que par gentillesse, il épousa la jeune fille que sa mère lui destinait. Très vite, il s'ennuya et, cédant aux avances de ses patientes, trompa son épouse avec toutes celles qui s'offraient. Au terme de sept ans de mariage, quand sa femme lui eut donné deux filles, qu'elle eut beaucoup pleuré et qu'elle eut elle-même pris un amant, elle le quitta, emmenant ses enfants jusqu'au Venezuela. Mon parrain se consola très bien de son départ, mais regretta beaucoup ses petites.

« Dans les années soixante, la loi italienne condamnait les épouses qui abandonnaient le domicile conjugal : Paolo aurait pu garder ses enfants. Mais l'idée d'une bataille — même gagnée d'avance — lui répugnait. Il avait les conflits en horreur et se montrait toujours prêt aux accommodements. Il mettait, je crois, la paix intérieure au-dessus de tout.

« Est-ce à cette époque qu'il prit pour maîtresse Lina, sa propre assistante ? C'était un modèle de secrétaire : effacée, travailleuse. Disponible à coup sûr... Comment eût-elle pu résister à Paolo ?

« Il mesurait plus d'un mètre quatre-vingts et ressemblait à Gary Cooper : il avait sa distinction, son regard clair, sa moue d'enfant boudeur quand il ne souriait pas. Rien de sombre ni de dramatique chez lui. Je ne dirais pas qu'il incarnait la *joie de vivre* — une expression trop excessive pour le caractériser —, mais il faisait toujours preuve de gaieté, de naturel, d'une simplicité de bon aloi. Oui, comment ne pas aimer le dottor Paolo ?

« Durant cinq ans, Lina n'avait reçu de lui que des regards bienveillants, des mots aimables, comme il savait les prononcer.

« Il se découvrait devant la concierge et ne manquait jamais de prendre des nouvelles de son personnel. Quand une employée lui plaisait, qu'il la trouvât jolie ou seulement d'un commerce agréable, sa courtoisie se muait en badinage, une galanterie primesautière qui invitait au bien-être. Point de ces compliments de mirliton qu'affectionnent certains de nos dragueurs romains. Aucune pesanteur. Il savait mettre à l'aise sa future conquête. Je parle de future conquête... Mais Paolo n'était pas un coureur de jupons, un don Juan qui ne s'intéressait qu'aux plaisirs de la chair. Certes, il consommait. Son épouse s'en était assez plainte ! Mais il ne consommait pas *toutes* les occasions qui se présentaient. Il exigeait, pour se laisser prendre, d'être séduit corps et âme : ce charmeur restait un sentimental. Les femmes qui ne réussissaient pas à l'émouvoir n'avaient aucune chance. *Donnez-vous du mal ! Fascinez-moi, enjôlez-moi. Alors, je tomberai amou-*

Lina ou la vertu sacrifiée

reux de vous... Tomba-t-il amoureux de Lina ? Un mois ? Une heure ? Un fragment de seconde ?

« Sur ce point, les paris restent ouverts. Et Dieu sait si nous en avons parlé, mes cousines et moi-même...

« Qu'elle en fût, elle, *innamorata cotta*, amoureuse cuite dès le premier moment, la chose ne fait guère de doute. D'autant qu'à vingt-cinq ans Lina n'avait aucune expérience des hommes.

« Je sais qu'elle était l'aînée d'une modeste famille du Piémont — de Novare exactement — qui lui avait appris très tôt la valeur du travail et de l'argent. Dès qu'elle put s'échapper de sa ville natale, Lina en disparut complètement, rompant avec son milieu. J'eus toutes les peines du monde à lui faire admettre qu'elle avait eu des parents autrefois et cinq frères et sœurs. Elle ne chercha jamais à les revoir.

« Elle était descendue à Rome le jour de sa majorité. En se plaçant comme domestique, elle finança ses études et suivit les cours du soir de l'Istituto Santa Maria delle Zitelle. Mais sur ce point aussi, elle affectait l'oubli. Elle reçut pourtant une solide formation : mon parrain disait n'avoir jamais eu d'assistante plus compétente. Si les ennemis de Lina lui reconnaissaient ses qualités de sténodactylo, ils niaient cependant qu'elle fût dotée d'autres appas. Impossible de fantasmer sur ses charmes. Elle avait quelque chose de raide dans la démarche, une façon de monter l'escalier, de frapper à la porte, qui évoquait immanquablement la statue du Commandeur.

Le salon des petites vertus

« Ne vous méprenez pas : Lina n'était pas vilaine. Elle ne se négligeait pas. Elle ne manquait ni de distinction, ni même d'élégance.

« Grande et svelte, elle se tenait droite. Je ne l'ai connue qu'en jupe de laine qui lui arrivait à mi-genoux, en bas couleur chair ; et en twin-set. Les twin-sets de Lina étaient légendaires : gris ou bleu marine, assortis à sa jupe, elle les portait en toute saison. Au plus fort de la canicule, elle jetait le cardigan déboutonné sur ses épaules et quand l'un des côtés glissait dans son dos, elle en recherchait, entre ses omoplates, le premier bouton, qu'elle ramenait méthodiquement contre son cou. Avec les années, ce geste, qui l'obligeait à des contorsions, tourna au tic nerveux.

« Sa chevelure, entre le brun et le cuivre, ne devint jamais grise. Et sa coiffure ne changea pas non plus. Lina tirait ses cheveux en arrière, les remontait très haut. La masse roussâtre de son chignon-coque se balança sur le sommet de son crâne durant plus d'un demi-siècle.

« Lors d'un lointain Noël, mon parrain, ayant remarqué que Lina avait les oreilles percées, lui avait offert des anneaux d'or. Elle résista au fétichisme qui rendait cher à son cœur tout objet touché par Paolo et ne les porta jamais. Sur ce point, elle resta intraitable : point de bijoux ni de foulard, aucune fioriture. Et, bien sûr, pas de maquillage.

« Comme son visage, les murs de son bureau restèrent nus. Jamais elle n'y accrocha une photo ou une affiche. Elle se méfiait des apparences, de toutes les apparences — fausses, par essence ! En d'autres temps, Lina eût été de ceux qui renversent les statues et crèvent les tableaux. Sa fureur iconoclaste s'attaquait à toute imitation de l'homme et de la femme, qui devaient rester les créations exclusives de Dieu. Bien qu'elle fût une catholique fervente et qu'elle mît le pape au-dessus de tout, sa foi évoquait, par son austérité, les puritains du temps de Cromwell.

« Ma grand-mère, qui l'avait rencontrée dès son arrivée au cabinet de Paolo, affirmait que Lina n'avait pas toujours été ainsi. Elle s'en souvenait comme d'un jeune animal rétif et racé, d'une belle jument, que Paolo avait dû dresser, en la rassurant. Certes, Lina traversait déjà le cabinet de ce pas raide et saccadé. Mais sa démarche n'avait pas la pesanteur que nous lui connaissions désormais... Elle semblait sur le qui-vive, au contraire, prête à faire un écart, ou à prendre le mors aux dents. Imprévisible, Lina ! Ma grand-mère reconnaissait qu'on ne savait jamais ce qui allait la vexer. Elle la décrivait comme une personne sensible. Une fille qui avait souffert, et qui avait peur de souffrir encore. Une fois mise en confiance, elle s'était révélée d'une droiture sans égale. En conclusion, ma grand-mère répétait le même adjectif avec emphase : "... Intelligente, de surcroît... Très exceptionnellement intelligente !"

« Sur l'intelligence de Lina, certains nourrissaient toutefois quelques doutes. Quant à *sa mise en confiance* par oncle Paolo...

« Bien des années plus tard, quand je demandai à mon parrain comment il avait jamais pu faire l'amour avec Lina, il me répondit, non sans innocence, qu'à l'époque Lina était fraîche et vivifiante. J'eus beaucoup de mal à imaginer cette grande bringue desséchée comme un être "vivifiant".

« Connaissant son goût pour le bonheur, j'imagine qu'il dut lui offrir des instants magiques. Le lieu, l'occasion de leur premier baiser ? Mystère. Il l'emmena à Capri comme toutes ses conquêtes, à Ischia, peut-être même à Monte-Carlo, et Dieu sait sur quel autre rocher et dans quels palaces. Pour ma part, je ne parviens pas à me représenter Lina dansant contre, tout contre Paolo. Il faut pourtant croire qu'elle sut se déhancher entre ses bras. La fidélité de Paolo fut sans doute de courte durée, car je crois qu'il courtisait déjà celle qui allait devenir ma tante. Et quand sa première femme mourut au Venezuela, je sais qu'il partit chercher mes cousines et qu'il épousa tante Marisa à son retour.

« Lina n'apprit son remariage que le jour des noces. Je soupçonne qu'il la garda dans son lit tout le temps de ses fiançailles et qu'à ce prix il n'éveilla pas ses soupçons. Sans doute cherchait-il à retarder d'inévitables souffrances ? À la protéger contre ce qu'il préparait ? Par délicatesse, Paolo la trompa jusqu'au bout.

« Elle découvrit qu'elle avait été supplantée dans le cœur de son amant lors du déjeuner de famille chez mes grands-parents. Un déjeuner très intime, où Paolo et Marisa annoncèrent la nouvelle de leur passage à l'église le matin même. Cet abandon, qu'il faut bien qualifier de trahison, ne changea rien à l'existence de Lina : elle restait bien sûr l'employée du docteur Paolo Bini, sa secrétaire, son assistante personnelle...

« De son côté, ma tante Marisa jouait son rôle : elle était l'héritière d'une jolie fortune que notre famille investit dans l'agrandissement du cabinet.

« La médecine générale n'avait jamais vraiment intéressé Paolo. Mais la biologie et la recherche scientifique, oui ! Il s'adjoignit la collaboration de son frère le dominicain, et, en concertation avec l'hôpital du Bambin Gesù qui dépend du Vatican, le dottor Paolo et le padre Ettore transformèrent le cabinet en laboratoire spécialisé dans les troubles de l'enfantement. Protégés par l'Église, qui subventionnait leurs recherches sur la stérilité, les deux savants travaillèrent de concert.

« À cette grande aventure, Lina se consacra corps et âme.

« Le laboratoire, premier du genre en Italie, devint rapidement une grosse entreprise. Une dizaine de chercheurs y travaillaient, avec leurs étudiants et leurs stagiaires. Les locaux occupaient les deux derniers étages de l'immeuble familial qui avoisinait la basilique Saint-Pierre, dans la montée de San Onofrio. Lina installa son bureau sous les combles, un minuscule réduit coincé entre les deux portes de la direction. Elle prit tous les appels de mon parrain et de mon oncle, filtra les demandes et les rendez-vous, éconduisit ou reçut les patientes.

« Prétendre que toutes les femmes qui connurent des difficultés à concevoir des enfants, à Rome, entre 1960 et 1990, ne durent leurs grossesses qu'au bon vouloir de Lina, ne serait pas une exagération.

« Elle avait bien sûr tout pouvoir sur les comptes en banque et le personnel. À dire vrai, elle régnait en tyran. Je me souviens de standardistes en larmes, de dactylos au bord de la dépression, de chercheuses hystériques : toutes accusaient Lina de leur jouer des tours qui visaient à les faire mal voir, renvoyer peut-être... Lina ne reculait devant aucun tourment. Certains relevaient de la pathologie. Elle s'attaquait par exemple à la réorganisation du service commercial — auquel personne, jusqu'à présent, n'avait trouvé à redire. Elle décrétait qu'il y régnait un incurable désordre, que la comptable — originaire de Naples — faisait preuve de la paresse qui caractérisait le Sud et perdait l'Italie. Elle mettait donc son nez dans les comptes, changeait l'intitulé des livres, déplaçait les dossiers, rangeait les commandes, classait les factures de façon que nul ne puisse s'y retrouver. En dehors d'elle-même. Après son passage, quiconque dépendait du "service réorganisé" devait... *repasser* par Lina ! Cet état de fait toucha bientôt tous les domaines. Lina "réorganisa" les éprouvettes et les formules scientifiques.

« Paolo s'émerveillait de son efficacité.

« — Que ferions-nous sans elle ? répétait-il à l'envi.

« Gare à quiconque critiquait la "logique" de Lina ! Le patron était prêt à tout entendre sur elle, excepté la mise en doute de son esprit de méthode. Si l'un de ses chercheurs tentait de lui expliquer

Lina ou la vertu sacrifiée

— avec tact — que la force centralisatrice de Lina sapait les initiatives, embrouillait les relations humaines, et que ses résultats — dérisoires, comparés à la dépense d'énergie — traduisaient seulement une gigantesque soif de pouvoir, mon parrain se mettait très en colère. Lui, qui n'élevait jamais la voix, aboyait :

« — Je ne veux rien écouter sur ce chapitre !

« Outré, il fermait sa porte et grommelait que nulle n'était plus généreuse de son temps et plus dévouée que Lina !

« Il est vrai qu'au terme d'une dizaine d'années de ce régime la maison fonctionnait *par* et *grâce à* Lina. Du laboratoire, elle connaissait, elle maîtrisait tous les arcanes : elle en était la mémoire et le moteur. Quant à l'avenir, nul ne pouvait plus l'imaginer sans elle.

« Pour ce qui touchait à la vie privée de ses employeurs, elle réservait les chambres d'hôtel où Paolo retrouvait les amoureuses qui le poursuivaient ; où Ettore se reposait, à Genève ou à Bâle, de la fatigue des congrès scientifiques. Elle achetait les cadeaux destinés aux maîtresses de l'un ; partageait les oraisons de l'autre, participant aux prières de padre Ettore, celles qu'il disait et celles qu'il ne disait pas.

« Mais Paolo restait l'unique objet des préoccupations de Lina. Elle l'appelait "Patron", comme s'il était le seul dirigeant du laboratoire, avec une tendre familiarité. "Oui, Patron", "Tout de suite, Patron", "Détendez-vous, Patron". *Patron, Patron,*

Le salon des petites vertus

Patron ! Le mot revenait jusqu'à cent fois dans sa bouche en une journée.

« Indétrônable dans son réduit du quatrième entre les deux portes de la direction, elle put enfin s'autoriser quelques amitiés...
« Il arriva que Lina s'entiche d'une petite stagiaire. Elle l'aimait avec emportement, lui trouvait toutes les vertus et mettait tant d'ostentation à son favoritisme que la malheureuse devenait la tête de Turc du personnel. Dans cette antipathie, où Lina entendait l'écho des sentiments qu'elle-même suscitait, elle voyait la preuve que l'élue était digne d'elle et de son choix. Aussi s'attelait-elle à sa formation. Elle prenait la jeune fille avec elle, l'enfermait dans son antre, et lui faisait miroiter qu'elle pourrait un jour lui succéder auprès du "Patron". La protégée de Lina avait, un temps, accès au bureau de Paolo et recevait directement ses ordres. Jusqu'au jour où Lina lui réclamait un dossier (qu'elle-même avait caché et que la stagiaire ne pouvait retrouver) ; vérifiait une addition (qu'elle-même avait falsifiée) ; subtilisait des lettres ; effaçait des messages. Lina criait alors à l'abus de confiance. Les "taupes", elle les avait à l'œil. Elle ne plaisantait pas sur ce point ! Dans les milieux scientifiques, les laboratoires se livrent une guerre sauvage : chaque assistant est un traître potentiel qui espionne les découvertes de son patron au profit d'un chercheur rival. Lina utilisait cet argument pour accuser sa chérie de félonie et la renvoyer brutalement dans

ses foyers. Ses coups de cœur se terminaient invariablement en massacres.

« Paolo soupirait. Il n'était pas dupe des injustices perpétrées par Lina. Même moi, sa filleule, qui ne fréquentais pas encore le laboratoire, je m'en rendais compte : à treize ans, je détestais Lina.

« — Que veux-tu, m'expliquait-il, le cabinet est toute sa vie : elle nous reste totalement dévouée...

« Ah, ça, oui, elle lui restait même enchaînée ! Au point de le couper du monde.

« Dans les vingt premières années de leurs relations, la passion de Lina avait fait une publicité sauvage à la virilité de Paolo. Quel amant il devait être pour s'être éternellement attaché une maîtresse avec laquelle il était resté si peu de temps ! L'adoration de cette vieille fille, le sacrifice de son existence entière sur l'autel des vertus de Paolo lui avaient construit la réputation d'un très grand homme.

« Mais cette supériorité, reconnue de tous, finissait par lasser et décourager. Le fanatisme de Lina semblait impliquer que quiconque approchait Paolo ne saurait l'apprécier à sa juste valeur. Son propre dévouement mettait en accusation la conduite des autres femmes ; de la mère, des filles de Paolo que Lina suspectait d'indifférence... Elle incriminait surtout l'égoïsme de Marisa. L'épouse !

« Ma tante Marisa, qui était gâtée, jalouse et très éprise de Paolo, exécrait les leçons implicites de Lina. Certes, elle ne nourrissait pas de soupçons envers l'omniprésente secrétaire. Sur ce front, Marisa se connaissait d'autres rivales... D'autres rivales dont Lina protégeait les coucheries ! Quand ma pauvre tante croyait reconnaître chez lui les signes d'une vanité rassasiée par les complaisances de Lina, elle accablait son mari de sarcasmes :

« — Mon pauvre Paolo ! Ce serpent de Lina rampe... et tu fais la roue ! Au fond, tu n'es qu'un paon... Il suffit qu'une femme te passe de la pommade pour que tu la trouves à ton goût. Même cette affreuse lèche-bottes te ferait glisser par un trou de serrure.

« Ma tante touchait la corde sensible : s'il était une chose que Paolo détestait, c'était précisément qu'on attaque Lina. Il l'avait prouvé au laboratoire : il considérait de son devoir moral, de son honneur même, de relever le gant et de prendre sa défense. Ce cas unique de belligérance se révéla désastreux pour son ménage.

« Marisa avait le sang chaud : les scènes, elle les provoquait. Au seul nom de "Lina", sur laquelle elle concentrait désormais toutes ses frustrations, les assiettes volaient. Et mon oncle, loin de craindre ses éclats, lui imposait la présence de Lina de façon plus systématique, accusant Marisa d'injustice, d'hystérie et de vulgarité.

« Je vous rappelle que nos domiciles à tous se situaient dans l'immeuble du laboratoire : padre Ettore habitait le rez-de-chaussée avec ma grand-mère ; mes parents au premier ; Marisa et Paolo au deuxième ; l'entreprise au troisième et au quatrième. Et Lina ? Elle était partout ! Bien qu'elle vécût à l'autre bout de la ville, elle passait son existence dans la maison.

« Rendue explicitement complice des infidélités de Paolo, de ses alibis, de ses mensonges, Lina vit pleuvoir sur elle une grêle de coups bas qui n'eut rien à envier aux tourments qu'elle-même infligeait aux importuns. Ma tante Marisa, résolue à lui faire lâcher prise, la soumettait par salves à des humiliations que Lina soutint avec la constance du martyr.

« — Je ne vous garde pas à dîner, clamait Marisa. Si je vous laissais vous asseoir avec nous, nous serions treize à table. Vous mangerez donc dans la cuisine... Le mieux tout de même serait que vous rentriez chez vous !

« La pauvre Lina restait raide et droite sous l'insulte : elle ne cillait pas. Elle tenait, jusqu'à ce que Paolo entre dans la pièce et la prie, innocemment, de souper avec nous. Et Lina s'empressait d'accepter.

« — Cette vieille garce n'a donc aucun amour-propre ? vitupérait Marisa dans le lit conjugal.

« Non, par amour de Paolo, Lina avait abdiqué jusqu'à l'orgueil.

« Marisa se vit alors contrainte d'utiliser des méthodes qui me parurent inacceptables :

« — Je n'ai jamais su faire les boucles de lacets : Lina, pouvez-vous me nouer mes bottines ?

« La fière Lina s'agenouillait devant Marisa. Mais elle ne baissait pas les yeux — et ne levait pas le camp !

« La famille se scinda bientôt en deux factions : les "pour Lina", qui condamnèrent la conduite de

Le salon des petites vertus

Marisa. Les "contre Lina", qui soutinrent Marisa dans son entreprise de balayage et la secondèrent dans ses persécutions.

« Mon oncle Paolo jouait les arbitres, un rôle qu'il endossait à regret. Il se savait l'enjeu de ce combat de poules. Je crois ne l'avoir jamais connu aussi triste que durant cette période. Pressentait-il que cette petite guerre lui coûterait son bonheur ?

« De toutes les femmes de sa vie, Marisa demeurait celle qu'il avait le plus aimée. Elle était un peu sotte peut-être, impatiente et terriblement jalouse. Mais le cœur ne se commande pas : Marisa convenait à Paolo ! Il avait même fini par renoncer à ses liaisons qui avaient une importance, au fond, si relative dans sa vie. Pour lui, seule comptait la famille : sa mère, ses filles, sa sœur, sa filleule. Et son épouse ! Mais cela, Marisa l'avait oublié !

« Le jour vint donc où ma tante, exaspérée par ce qu'elle comprenait comme la "préférence" de Paolo, posa son ultimatum.

« — Ce sera Lina... ou moi !

« Ce fut Lina.

« Tante Marisa, qui n'avait pas, elle, la constance et l'humilité de l'assistante, ne se le fit pas dire deux fois. Elle boucla ses malles, et quitta la maison dans la journée.

« Ainsi mon oncle se sépara-t-il de sa seconde épouse dont il était épris. Et garda près de lui la femme qu'il estimait.

« Du départ de Marisa, Paolo ne se remit jamais complètement. Il conclut, non sans désolation :

"Pauvre Marisa : sa haine pour Lina l'égarait. Elle était folle..."

« Nous nous gardâmes de le contredire.

« Mais nous vîmes, avec un soulagement indicible, apparaître une troisième compagne dans sa vie. Une compagne qui n'était pas Lina...

« Elle avait vingt ans de moins que lui. Elle travaillait comme biologiste au laboratoire. Elle s'appelait Isabella.

« Ravissante et tranquille, Isabella aima tendrement Paolo. Elle veilla sur lui, sur ses enfants, sur notre bien-être à tous, et sut regrouper autour de lui — et d'elle — les sympathies familiales. Nous adorions Isabella ! Sa générosité rendait aussi dérisoire qu'inutile l'abnégation de Lina. La secrétaire trop dévouée n'avait plus sa place... Pauvre Lina. Elle dut vivre des affres dont nul ne fut conscient. Oui, pauvre Lina ! Bien plus que du temps de Marisa, elle allait connaître sa traversée du désert !

« Ce fut à cette époque que je la pris en sympathie.

« J'avais maintenant dix-huit ans.

« Pour la première fois en quatre siècles d'existence, notre famille n'avait produit que des femelles, et ne donnerait pas de fils cadet à l'Église. Je poursuivais pourtant la tradition de la *Casa Bini* en étudiant la biologie.

« Mon parrain m'avait, dès mon plus jeune âge, prise en affection : une profonde complicité nous liait.

« Mes cousines, un peu plus âgées que moi, étaient déjà fiancées. Leurs futurs époux, pas plus qu'elles-mêmes, ne s'intéressaient à la médecine et au laboratoire. Il était donc entendu, de façon implicite, que je travaillerais avec mes oncles, et qu'à terme, qui sait, je pourrais reprendre le flambeau et poursuivre leur œuvre. La maison me considérait déjà comme leur héritière et j'entendais répondre à l'appel en me hissant — moralement — à leur hauteur.

« Je connus alors ma première crise et ma seule colère contre mon parrain bien-aimé.

« Avec l'adolescence, j'étais devenue féministe : le spectacle de Lina, parquée dans son réduit entre les portes des deux directeurs et détestée par ses collègues, me tourna les sangs. Je changeai d'avis sur elle et pris sa défense contre la terre entière.

« Certes, en apparence, Lina agissait souvent malgré la volonté de Paolo. En réalité, elle accomplissait toutes les basses besognes à sa place. À ce prix, il gardait sa réputation de bienveillance. J'ajoutai, dans mon for intérieur, qu'il s'en servait comme d'un paratonnerre. Et qu'il la traitait comme son esclave.

« Lina ne m'en demandait pas tant. Elle prit, à juste titre, mon plaidoyer pour elle comme une attaque contre le Patron. Outrée que je puisse me permettre envers lui la moindre critique — une trahison, à ses yeux —, elle me persécuta avec des raffinements de cruauté.

« Je persistai pourtant et plaidai directement sa cause auprès de mon parrain. Je lui démontrai qu'il ne lui laissait aucune place pour faire sa vie ! Il l'appelait en toute circonstance. Pour recoudre un bouton, démarrer sa voiture, forcer son tiroir, trouver ses clefs... Et quand Lina manifestait quelques velléités de prendre des vacances à un autre moment que lui, il arborait un air si tragique qu'elle ne pouvait que s'incliner. En quarante ans de maison, elle s'était absentée — quoi ? — deux ou trois fois *en dehors* des dates de congé des directeurs. Elle avait disparu quelques mois en 1965 et en 1968, deux saisons dont les employés gardaient un souvenir ébloui.

« Pour leur malheur, Lina connaissait peu de ces crises d'indépendance. Elle craignait trop qu'"on" ne se glisse dans le faible interstice qu'elle aurait laissé entre le Patron et les autres, pour abandonner le terrain.

« Paolo sembla, un temps, ébranlé par mes accusations. Il adopta une attitude plus discrète envers son assistante, mit une sourdine à ses exigences et tenta, en s'appuyant davantage sur Isabella, de respecter la vie privée de Lina. Cette distance eut pour résultat un déferlement de sévices "linois", particulièrement sévères, sur ma pauvre personne. Heureusement, les efforts de Paolo n'eurent guère de suite.

« L'année où il se cassa le bras, Lina reprit du poil de la bête. Elle se transforma en cerbère et ne laissa plus personne l'approcher. "Le comprimé du Patron !" "Sa pilule antidouleur !" "Ses gouttes !" Elle assiégeait son bureau et ne quittait la pièce qu'après l'avoir vu absorber ses médicaments. Elle réussit même à bannir la douce Isabella du quatrième étage.

« La situation se compliqua quand, à soixante ans, Paolo attrapa une pneumonie et dut garder le lit deux mois : Lina investit son domicile. Sur la constante présence de la secrétaire dans les étages, mes cousines et moi-même éprouvions des sentiments mélangés. Même Isabella, qui était une sainte, souffrait de l'invasion de sa chambre à coucher.

« Mais Lina veillait sur mon parrain avec tant de dévouement que nul n'avait le cœur de la mettre à la porte. Infatigable, elle courait tout Rome afin de lui trouver tel pain de glace qui calmât sa migraine, tel coussin qui soulageât son dos. Quand elle le voyait confortablement installé dans ses oreillers, elle s'asseyait à son chevet et distribuait les cartes : ils commençaient une bataille.

« Dans la famille, nous jouons tous au bridge, au rami, à la *scala quaranta*, au *mercante in fiera*. Cette passion, mes parents, mes grands-parents la partagent. Nous pimentons l'atmosphère en pariant de petites sommes. Le confinement de Paolo allait instituer le rite du poker dominical chez lui. À mille lires le point.

« Il se rétablit. Mais l'habitude était prise et Lina vint chaque fin de semaine partager nos parties. Tous les habitants de l'immeuble, notamment mon oncle Ettore, n'auraient eu garde de manquer ces après-midi qui se concluaient sur un copieux repas. Avec le temps, il était devenu un petit prêtre tout rond qui trouvait l'essentiel de ses plaisirs dans la nourriture et les jeux de société.

« — Mais enfin, finis-je par demander à mon parrain — me faisant l'interprète de ses filles et de ses gendres —, ne pourrait-on passer un dimanche sans Lina, un dimanche où nous resterions en famille ?

« — Voyons, Lina fait partie de la famille !

« Je ricanai :

« — Tu crois ?

« Je m'étais lassée de prendre la défense d'une opprimée qui répondait à mon indulgence par des coups.

« Oncle Paolo arbora un air perplexe.

« — Ces parties de poker lui font tellement plaisir, soupira-t-il.

« — Mais toi, demandai-je, tu trouves toi aussi du plaisir à ce qu'elle vienne jouer avec nous ?

« La question sembla l'ennuyer démesurément. Il fit pourtant un effort, réfléchit et dit :

« — Je ne sais pas... Non, je ne crois pas.

« — Alors, c'est idiot !

« Je revins à la charge le week-end suivant :

« — Les sommes que mise Lina sont dix fois supérieures à ce que nous jouons tous. Et comme elle perd toujours, son salaire entier y passe ! Rends-toi compte, oncle Paolo : avec nos cartes, nous la ruinons chaque semaine !

« — Ne t'inquiète pas sur ce point, mon petit... J'ai fait en sorte que Lina ne manque de rien. Elle détient quelques actions du laboratoire : elle peut vivre des intérêts jusqu'à la fin de ses jours.

Le salon des petites vertus

« — N'empêche ! Elle joue mal. Et si la recevoir à la maison ne te procure pas de plaisir — c'est idiot.
« — Elle n'a que nous. Elle est seule.

« En effet, Lina vieillissait sans amis, sans parents. Rien ne la reliait au monde, à l'exception de sa passion pour mon parrain. Depuis plus d'un quart de siècle, elle avait cessé d'être sa maîtresse et continuait de l'entourer de son amour : elle seule avait compris la signification de ce mot ! Lina donnait, sans espoir de retour. Elle donnait *tout* à l'homme de sa vie, risquant l'essentiel et ne se réservant rien. Malgré moi, Lina forçait mon admiration.

« Quand Paolo prit sa retraite, nous crûmes qu'elle ne survivrait pas à son départ du laboratoire. Elle était plus jeune que lui. Il lui ménagea la possibilité de continuer à y travailler. Mais elle préféra se retirer.
« Elle avait soixante ans quand notre chère Isabella mourut d'un cancer.
« Sans hypocrisie, Lina ne prétendit pas que cette disparition l'affectait. Isabella s'était pourtant montrée exceptionnellement compréhensive à son égard. Mais Lina, fidèle à son obsession, ne souffrit que pour Paolo. Ce fut lui qu'elle plaignit de cette perte, lui qu'elle entoura dans la douleur, se répandant partout sur sa constance au chevet de la malade, sur son courage. Je ne pense pas qu'elle ait caressé un instant l'espoir ou le rêve de se faire épouser.

« À nous tous, l'idée était pourtant venue et nous avait effrayés. D'autant que tante Marisa, n'ayant pas eu d'enfant avec Paolo, avait réussi à faire annuler leur mariage par le pape. Mon oncle était libre. Sans contrevenir aux lois de l'Église, il pouvait contracter d'autres liens. Et je savais combien il haïssait la solitude. Peut-être allait-il se résigner à terminer ses jours avec Lina ?

« — Lina ? Quelle idée ! s'insurgea-t-il. Je me sens si mal avec elle !

« — Si mal ? m'écriai-je.

« Je ne pris pas cette réflexion au sérieux. J'y vis la coquetterie d'un homme qui affecte de rester insensible aux sentiments qu'il suscite. Peut-être réfutait-il, à des années de distance, les griefs de tante Marisa ? "Tu n'es qu'un paon, répétait-elle — en le vexant au plus profond. Une femme n'a qu'à te passer de la pommade..."

« — Mais pourquoi nous l'infliges-tu, alors ?... Pourquoi l'as-tu imposée à tante Marisa ? À mes cousines ? À Isabella ? À ce pauvre oncle Ettore ?

« Il haussa un sourcil.

« — Si Lina ne m'avait pas rencontré, elle aurait pu se marier... servir le Seigneur...

« Les tourments métaphysiques le travaillaient-ils ?

« Après le décès d'Isabella, Paolo s'était replongé dans le mysticisme de son enfance. Il s'enfermait de longues heures avec mon oncle Ettore, fréquentant de plus en plus le clergé et les églises dominicaines.

Le salon des petites vertus

« À plus de soixante-dix ans, il nous fit part, à ses enfants et à moi-même, de son fervent désir d'entrer dans les ordres.

« Dire que nous fûmes abasourdis serait une exagération. Nos grands-parents avaient jadis appartenu au clergé séculier. Paolo reprenait sa place au sein de l'Église, à laquelle il était destiné.

« Mais il y emporta avec lui... Lina : elle avait exprimé la volonté de le suivre !

« Il l'imposa comme sa gouvernante. Sans être religieuse, une femme s'installait chez les pères de Saint-Dominique ? La situation fit scandale, notamment dans la presse de gauche ! Oncle Paolo n'en démordit pas. Cette obstination lui coûta sa carrière ecclésiastique.

« Ettore, lui, était devenu monsignore, puis cardinal. Paolo resta simple prêtre de village.

« Quand il obtint la petite cure de Nazzano dans le Latium, Lina l'y suivit. Elle s'occupait de son ménage, reprenant le rôle de bonne du curé qui passe traditionnellement pour sa vieille maîtresse. Il était, en somme, un *prêtre marié*.

« Elle l'isolait, selon son habitude.

« Mais le sort et mon oncle décidèrent que je le reverrais une dernière fois.

« Ce fut lui qui me téléphona au laboratoire :

« — Viens me voir... Aujourd'hui... Maintenant !

« Ce ton comminatoire lui ressemblait si peu que je fis l'heure de route entre Rome et Nazzano dans un état d'inquiétude extrême.

« Il habitait une toute petite maison de pierre à côté de la chapelle qui surplombe le bras du Tibre. Je me garai devant l'église, sortis comme une bombe de la voiture et poussai sa porte en courant. Il m'attendait. Il était seul. Sans doute avait-il réussi à éloigner Lina pour une course assez lointaine. D'où son impatience de vieux monsieur à me voir arriver rapidement. De la pénombre où il se tenait assis, il m'accueillit par une exclamation :

« — Ah ? jeta-t-il, comme si ma présence le surprenait agréablement, te voilà !

« — Jamais je ne t'ai vu plus sexy, oncle Paolo ! Tu t'es fait faire ta soutane sur mesure ? Elle est aussi bien coupée qu'un smoking.

« Il sourit et ne me rendit pas le compliment. Il se tenait à son bureau, très droit. Derrière ses larges épaules pendait un crucifix. J'étais si heureuse de le trouver vivant, après les affres de mon voyage, que je ne me lassais pas de le contempler. Je regardais cette tête, toute blanche, qui émergeait de l'habit ecclésiastique ; ce buste pincé dans l'alignement des petits boutons, cette taille mince, prise par la large ceinture, et j'éprouvais, comme à chaque fois que j'étais seule avec lui, l'émotion du coup de foudre !

« Il dut lire mes sentiments sur mon visage, car une lueur de satisfaction passa dans son regard clair que la cataracte délavait.

« — J'aimerais te demander une faveur, *cara*, commença-t-il en me montrant un siège.

« — Tout ce que tu désires, oncle Paolo : tu sais bien que tu me ferais passer par un trou de souris, comme Lina, et toutes tes amoureuses.

« Il eut un geste las.

« — Oh, Lina ! soupira-t-il en laissant retomber sa main sur l'accoudoir.

« ... Rétrospectivement, je la comprenais, l'abnégation de Lina : j'aurais voulu lui faire plaisir, le gâter !

« — Promets-moi que tu me rendras le service que je vais te demander...

« Ici, j'eus un petit réflexe de prudence ! Je le connaissais, mon oncle, et n'avais pas, moi, les instincts kamikazes de Lina. Ce fut donc avec circonspection que je lui répondis :

« — Si la chose est en mon pouvoir, tu peux y compter.

« — Elle est en ton pouvoir... Fais-moi le serment qu'après ma disparition tu veilleras sur elle.

« Je doutai un instant.

« — Sur qui ?

« — Lina ! s'impatienta-t-il. Donne-moi ta parole que tu prendras soin de Lina... Tes cousines la détestent ! Jure-moi qu'elle ne manquera de rien, jure !

« Très émue, j'observai cette expression pleine d'angoisse que je ne lui connaissais pas, ce regard affolé du vieil homme qui meurt, en abandonnant sa compagne de route derrière lui. J'effleurai sa main.

« — Tu l'as donc tant aimée, oncle Paolo ?

« Il recula.

« — Aimée ? s'écria-t-il avec amertume... Plût à Dieu que je l'eusse aimée... Non, je ne l'ai pas aimée, pas un seul instant !... Je l'ai haïe, même, et je la hais encore, pour tout ce qu'elle m'a fait endurer ! Tu ne sais pas, toi, tu ne peux pas savoir ce que c'est que d'être dévoré par les sentiments d'autrui ! Lina n'a cessé de me poursuivre de ses exigences et de ses accusations. Jamais satisfaite, elle a provoqué chez moi cette sensation d'échec, cette culpabilité de tous les instants, dont je ne parviens pas à me libérer. Si tu savais combien j'ai rêvé de son départ. De sa disparition. De sa mort !... Le seul — comment dire ? — ... soulagement que j'aie pu m'offrir, le seul cadeau que j'aie pu lui faire, ce fut ma proximité, justement. Ma présence physique *à côté* d'elle. Je lui ai donné cette présence comme on jette un os à un chien : pour l'occuper ! Toujours affamée, Lina réclamait davantage. Elle me poursuivait de sa souffrance, elle en usait comme d'un butoir et d'un couperet. Les coups, le poids de son amour, je continue à les sentir là... Ils m'oppressent... Si j'avais pu me débarrasser de Lina ! Mais on ne se débarrasse pas de sa conscience, quand elle est mauvaise...

« — Tu veux dire que tu as sacrifié ton bonheur à Lina pour apaiser ta conscience ? murmurai-je, abasourdie. Que tu lui as sacrifié tes amours, car tu te sentais coupable de ne pas l'aimer, elle ? Sacrifié Marisa, Isabella !... Tu lui as abandonné ton existence...

« — Pour racheter ma faute.

« — Mais de quelle faute, oncle Paolo, de quelle faute parles-tu ?

« — Il n'est pire insulte que celle que j'ai jetée au visage de Lina, en ne l'aimant pas durant toute sa vie...

« — Tu ne l'as pas violée : elle s'est donnée à toi à vingt-cinq ans ! Elle était alors majeure et libre.

« — Elle était vierge.

« — Et alors ?

« — Elle n'a pas connu d'autre homme que moi.

« — Mieux vaut un seul homme qu'aucun. Lina aura vécu au moins une aventure !

« — Tu ne comprends pas ! Non, tu ne peux pas comprendre ce que signifie pour un homme la certitude qu'une jeune fille se livre à lui, corps et âme, à lui seul. Pour la vie. Et la responsabilité qu'engendre ce don... La peau de Lina n'aura jamais touché d'autre peau que la mienne ; son cœur n'aura pas frôlé d'autre cœur. Et moi, je lui aurai donné l'horreur en retour : le dégoût de son corps. Et la haine de son âme... Comment puis-je me présenter devant mon Créateur ? Lui répondrai-je, quand Il me demandera des comptes, que l'Amour, pour lequel Son Fils est mort sur la croix, est une arme redoutable ? Un fardeau dont il m'a fallu me défendre, que j'ai écrasé, piétiné et retourné contre celle qui m'en faisait le don ? Lui dirai-je que j'ai détruit la vie de Lina et que je suis fier de l'avoir détruite ?... Qu'elle n'a pas eu la famille pour laquelle le Seigneur a créé la femme, qu'elle n'a pas porté l'enfant pour lequel Il l'a faite, par ma faute ?

« Je n'en revenais pas.

« — Lina n'aura bâti sa carrière au laboratoire, elle n'aura construit son pouvoir, sa puissance, sa tyrannie, que sur le sentiment de culpabilité qu'elle a réussi à t'inculquer ?... Chapeau !... Elle est encore plus forte que je ne l'imaginais, ta victime !

Toute une existence édifiée sur la mauvaise conscience : un chantage exemplaire !

« Oncle Paolo, sentant venir mon couplet sur les désastres de la culpabilité judéo-chrétienne — tirade que je lui avais déjà servie durant mon adolescence —, ne répondit pas à mes étonnements et coupa court :

« — Promets-moi que tu l'installeras chez nous ; que tu lui assureras le gîte et le couvert ; qu'elle appartiendra de fait et de droit à la *Casa Bini*.

« — Ne me demande pas de vivre avec Lina, protestai-je. Tout ! Mais pas cela.

« Il soupira et murmura, découragé :

« — Alors, j'aurai vraiment trahi l'essentiel : mon Dieu. Et moi-même.

« Évidemment, oncle Paolo obtint ce qu'il voulait : je jurai.

« Il mourut le mois suivant, dans les bras de Lina.

« Après l'enterrement, elle ne retourna pas à Nazzano : je la reconduisis avec moi salita San Onofrio.

« Dans la voiture, je ne trouvai rien à lui dire, aucune parole de consolation, aucun mot pour évoquer oncle Paolo. Je redoutais même qu'elle parle de lui... Elle n'en parlait pas. Elle se tenait très droite à son habitude, tout en noir dans sa jupe et son twin-set. Son chignon vibrait à chaque changement de vitesse.

« De mon ultime conversation avec oncle Paolo, je gardais envers Lina une rancœur proche de la détestation.

Le salon des petites vertus

« Toute sa vie, mon parrain avait souffert par elle, et je soupçonnais qu'il eût connu une mort agitée, une agonie traversée d'angoisses, que la présence de Lina avait orchestrées. Le fait même que Paolo, tellement ennemi des sentiments extrêmes, eût rêvé la mort de Lina, la rejetait à mes yeux dans un enfer dont je ne voulais aucune part.

« En marge de ma colère s'insinuaient des bouffées de compassion : cette vieille demoiselle en deuil n'avait jamais été aimée. Par personne ! Elle n'avait pas vu une fois, dans le regard d'un homme, une lueur de joie quand leurs yeux s'étaient croisés, un peu de tendresse, du regret. Rien ! Je partageais la tristesse d'oncle Paolo, son anxiété devant pareille solitude.

« Décidément, Lina engendrait des sentiments complexes ! Et plus que jamais, sa présence me mettait mal à l'aise.

« Au terme de cette triste journée, je manifestai pourtant l'intention de l'installer à la maison.

« Ce fut une levée de boucliers, un tollé général ! Je me trouvais dans la position d'oncle Paolo, qui se battait naguère pour imposer Lina à ses proches, dont lui-même ne voulait pas.

« La famille manqua une nouvelle fois d'exploser Mes cousines menacèrent de quitter l'immeuble. On se servit du sempiternel "Pour ou contre Lina" afin d'échanger des insultes et de régler de vieux comptes. Je pliai sous les coups mais ne cédai pas. Oncle Ettore finit par lui abandonner son petit appartement du rez-de-chaussée, tandis qu'il montait occuper tout le deuxième étage.

« Lina emménagea.

« Contre toute attente, elle se révéla une vieille dame aux antipodes de la femme qu'elle avait été. Indulgente et discrète, elle sut se concilier la sympathie des petits-enfants de Paolo : elle couvrait leurs bêtises, finançait leurs frasques et leurs plaisirs ! Le rez-de-chaussée devint le carrefour de la jeunesse...

« La disparition de Paolo avait-elle anéanti son ressort vital, au-delà de l'imaginable ? Sans lui, l'existence de Lina fut de courte durée : six mois plus tard, elle s'éteignait.

« Elle mourut paisiblement et, comble du paradoxe, fut beaucoup regrettée de la nouvelle génération.

« Avec Lina, un monde finissait.

« Mon vieil oncle Ettore la suivit bientôt dans la tombe.

« Les funérailles du cardinal Bini — fort différentes de l'humble enterrement de padre Paolo — se déroulèrent en grande pompe en la basilique Saint-Pierre. La messe fut célébrée par le pape. Y assistaient la curie et le monde médical. Ses découvertes avaient révolutionné l'histoire de la stérilité : il passait pour un grand savant.

« Après la cérémonie, nous reçûmes toute la famille au laboratoire, ses amis, ses collègues. Je me tenais près du buffet, au quatrième, l'étage de la direction, entre les bureaux qui avaient été ceux des deux fondateurs.

« C'est alors que se présenta une jeune fille, qui m'aborda en ces termes :

« — Vous êtes Chicca Bini ?... Je me nomme Giuseppina... Mais vous pouvez m'appeler, comme mes parents, Pina.

« À mi-chemin entre la rudesse et la gêne, mon interlocutrice se dandinait d'un pied sur l'autre en faisant rouler sa coupe de prosecco entre ses mains jointes. Son visage ne m'était pas inconnu. Elle avait entre vingt et vingt-cinq ans. J'avais dû la croiser au rez-de-chaussée. Elle appartenait sans doute au groupe de mes jeunes cousins, les petits-fils de Paolo qui fréquentaient naguère l'appartement de Lina.

« — Je suis laborantine... Après le cocktail, seule à seule, je pourrais vous dire un mot ?

« D'instinct, je me montrai réticente.

« — Je vais être très occupée... Beaucoup de détails à régler, tout le laboratoire à ranger. Nous travaillons demain et...

« — Votre oncle vous laisse une situation compliquée, sans doute...

« Je coupai court :

« — En effet. Je suis désolée : je n'ai pas de poste à vous proposer pour le moment.

« — Eh, je le sais bien ! Il va même falloir effectuer une compression de personnel.

« Je lançai un regard torve à l'indiscrète : la méfiance, la vindicte de Lina contre les taupes qui venaient nous espionner me hérissèrent tout entière.

« — Qui vous a dit cela ?

« — Ma mère.

« — Votre mère ?

Lina ou la vertu sacrifiée

« Je songeai à une chercheuse très désagréable, une préparatrice que j'avais licenciée — sans indemnités — le mois passé.

« — Elle m'avait montré les comptes, poursuivit la jeune fille, les yeux baissés, en triturant son verre, ce qui lui revenait, ce à quoi j'avais droit.

« — Votre mère n'avait droit à rien ! Elle a été renvoyée pour faute professionnelle !

« La jeune fille sembla interdite et désarçonnée.

« — ... Lina ? s'exclama-t-elle.

« Si le ciel m'était tombé sur la tête, je n'aurais pas reçu un pareil choc.

« Je ne conçus pourtant pas de doute : j'avais devant moi la fille de Lina ! Je reconnaissais ses cheveux auburn, longs et raides, que mon interlocutrice portait, elle, en catogan. Sa haute taille, sa minceur... Même sa jupe et son twin-set ! Lina avait eu un enfant !

« La discrétion de la vieille demoiselle sur son passé s'expliquait soudain ! Je comprenais son refus d'évoquer sa ville natale, ses parents, sa jeunesse. Pauvre Lina : fille-mère, au Piémont, dans les années cinquante !... Elle avait dû fuir la honte, disparaître de Novare, couper les ponts avec ses frères et ses sœurs, se placer à Rome. Oui, pauvre Lina !

« Touchée, je dévisageai Pina.

« — Votre mère a fait si longtemps partie de notre famille ! Elle appartient à cette maison. Elle travaillait ici, dans ce bureau. Je suis heureuse de faire votre connaissance, dis-je en lui tendant la main. Vous êtes laborantine... Je ne mentais pas tout à l'heure : nous avons quelques difficultés en

189

ce moment. Mais vous pouvez compter sur votre place ici.

« — C'est que... Pina hésita : nous devrions discuter ensemble des décisions que nous aurons à prendre pour le laboratoire...

« Elle assena cette petite phrase sur un ton à la fois si timide et si menaçant que mon élan vers elle s'arrêta net. Pour les douches froides, la fille semblait la digne héritière de sa maman : Lina au meilleur de sa forme.

« — À quel sujet ? demandai-je, revenant à mon antipathie initiale.

« — Je crois que mon frère et moi-même détenons la majorité des actions.

« — *Votre frère* et vous-même ?

« Ébahie, je songeai à mon pauvre oncle Paolo, dont tous les remords s'étaient focalisés sur cette obsession : la maternité dont il avait privé Lina. "Si Lina ne m'avait pas rencontré, si elle ne m'avait pas aimé, elle aurait eu des enfants, une famille !"... Il croyait l'avoir mutilée. Il avait passé toute sa vie à expier.

« — Vous êtes nombreux ainsi, à vous prétendre les enfants de Lina ? demandai-je, sarcastique.

« Pina rougit.

« — Deux... Mon frère Paolo n'a pas pu venir aujourd'hui. Il termine ses études de biologie à la Columbia University de New York.

« Je tombais, moi, de Charybde en Scylla.

« — Votre frère s'appelle Paolo ?

« En prononçant ce prénom, je reçus un choc. Même disparue, Lina continuait à m'envoyer au tapis.

« — ... En Amérique, Paolo a consulté un avocat... Il semblerait que nous soyons en droit de réclamer notre part d'héritage. À eux deux, nos parents nous laissent...

« ... *Paolo et Lina avaient eu des enfants ensemble ?...* Ah, il s'était bien moqué de moi, mon parrain, avec ses états d'âme !

« — ... Nous laissent le laboratoire.

« Je me souvins avec consternation qu'oncle Paolo m'avait dit (quand je m'étais inquiétée des pertes au poker de Lina, qui devaient la ruiner chaque dimanche) qu'elle détenait assez de titres pour vivre de ses rentes ! Avait-elle financé — avec les revenus qu'elle touchait sur nos actions — les coûteuses études de son fils aux États-Unis ?... En admettant que ces deux-là soient bien les bâtards de mon parrain, il avait des héritières légitimes, tout de même ! Mes deux cousines, et leurs propres enfants, restaient les légataires de sa part du laboratoire.

« — Quand vous aurez prouvé que vous êtes la fille de Paolo, nous discuterons des décisions à prendre, en effet... La maison s'est spécialisée dans cette sorte d'examen, articulai-je, glaciale. Libre à vous de faire chez nous l'expérience des tests que nous avons mis au point. D'ici là, je ne vous retiens pas !

« Je m'éloignai dans un état d'agitation que je ne vous décrirai pas. Pina me rattrapa par le bras :

« — Attendez !

« Elle semblait aussi atterrée que moi :

Le salon des petites vertus

« — ... Je n'ai jamais dit que j'étais la fille du docteur Paolo !

« — J'avais cru comprendre ! aboyai-je.

« — ... Mais du cardinal !

« Cette fois — trop d'émotions —, je restai sans voix !

« Ce fut alors chez elle un déluge de paroles, un déluge que je serais incapable de répéter mot pour mot. Il en ressortait qu'Ettore et Lina s'étaient aimés toute leur vie.

« Leur histoire avait commencé une semaine après l'engagement de Lina au cabinet d'oncle Paolo. *L'amore a prima vista.* Le coup de foudre. Mais Ettore venait à peine de prononcer ses vœux et de recevoir les ordres majeurs. Il était prêtre.

« Ettore et Lina résistèrent cinq ans au feu qui les dévorait. Et pas une fois, en cinq ans, ils ne s'avouèrent leurs sentiments. Même si tous deux se savaient follement aimés.

« Quand la première femme de Paolo s'enfuit avec ses filles au Venezuela, la jeune assistante osa une démarche désespérée : elle tenta d'oublier, dans les bras du cadet, sa passion pour l'aîné et devint la maîtresse de Paolo. L'expérience se révéla catastrophique. Au terme d'une quinzaine de jours dans son lit, à Capri et à Monte-Carlo, Lina vouait à Paolo la plus méprisante des indifférences.

« Elle courut — enfin ! — se donner à l'homme, au seul homme qu'elle aimait.

« Elle devait rester la compagne du père Ettore durant quarante ans.

« Entre les deux frères, c'était une vieille histoire. De tout temps, Ettore et Paolo s'étaient partagé les rôles. Du moins la *Casa Bini* les leur avait-elle distribués dès l'enfance. À Ettore revenaient l'ombre et le silence. À Paolo, la lumière.

« Plus qu'aux deux garçons, la responsabilité de ces choix incombait aux femmes de la famille, à leur mère et à leur sœur, qui destinèrent à la prêtrise le plus morne et le plus secret. Afin qu'il laisse à l'autre sa place au soleil.

« Parce que Paolo était beau, parce qu'il était facile, gai, gentil, le projecteur se braqua sur lui, retenant du même coup Lina dans son halo. Nul ne pouvait douter que l'humble secrétaire fût amoureuse de son trop séduisant patron, dont on savait qu'elle était devenue la maîtresse durant quelques semaines. Qui eût imaginé qu'elle n'éprouvait que dédain pour le charmant Paolo ? Qui eût soupçonné qu'elle adorait l'ambitieux et terne Ettore ?

« Lina vit très tôt le parti qu'elle pouvait tirer de cette sorte d'aveuglement. "Intelligente..., avait dit ma grand-mère. Très intelligente, Lina."

« Quand Paolo épousa en secondes noces une riche héritière, Lina joua la carte de ce malentendu social et familial, qui la transformait en Didon sur son rocher, en Ariane sur son île.

« Abandonnée par Paolo, éplorée, ce fut pourtant Lina qui lui suggéra cette idée de placer la fortune de Marisa dans la transformation du cabinet médical en laboratoire de recherches. Et ce fut encore la pieuse Lina qui lui inspira la décision de

Le salon des petites vertus

mettre la nouvelle entreprise sous la protection morale et financière de l'Église ; de s'adjoindre les services de son aîné, le père dominicain qui dirigeait alors la maternité du Bambin Gesù.

« Ainsi arracha-t-elle Ettore à son couvent, et l'installa-t-elle au quatrième étage de la maison. Elle-même se ménagea le réduit contre, tout contre sa porte.

« Dès lors, elle mit tant d'ostentation à envahir le bureau de droite — la pilule de dix heures, le cachet de midi — que personne ne songea à prendre la mesure du temps qu'elle passait dans le bureau de gauche !

« Quant aux infidélités de Paolo, ces aventures qui avaient tant torturé Marisa, et que Lina, dans son dévouement, dans son abnégation, couvait, cachait et protégeait, elles servaient sa propre liaison avec Ettore. Tandis que Paolo, en goguette, courait la gueuse, son assistante filait à Genève ou à Bâle, dans les chambres d'hôtel qu'elle-même avait réservées pour le repos du prêtre. Ces deux amants-là — à en juger par les extraits de la correspondance que m'a remise leur fille Pina — s'en donnèrent à cœur joie.

« ... Dire que j'avais pu, moi, qualifier Lina de *prude*, de *fanatique* !... Fanatique, oui, elle l'était à coup sûr : sa passion, elle la mit au service d'Ettore. Mais prude ? Ses lettres renvoient plutôt l'image d'une amoureuse enflammée qui croqua à belles dents le fruit défendu et sut jouir des plaisirs de la vie.

« Comment réussit-elle à cacher ses deux grossesses aux yeux du monde qu'elle fréquentait, ce milieu de gynécologues qui ne s'intéressaient qu'aux problèmes de la maternité ? Mystère ! L'hypothèse que Lina pût être enceinte — elle ? avec son caractère ? à ce stade de son existence ? —, l'idée semblait tellement inconcevable qu'elle ne vint à personne ! La morphologie de Lina lui permit sans doute de rester mince jusqu'aux trois derniers mois. Elle dut pourtant disparaître quelque temps. Les deux fameux congés dont la maison parlait encore...

« Ajouterai-je enfin que Lina ne se sépara pas de ses deux enfants ? Qu'elle ne les envoya pas en nourrice, qu'elle ne les éloigna pas à la campagne ou dans d'affreuses pensions anglaises ? Elle engagea une nurse à plein temps, une *tata* à demeure, qu'elle paya vingt ans sur le salaire royal que lui versait Paolo. Elle éleva donc son fils et sa fille chez elle, à l'autre bout de la ville, dans son petit appartement où, par désintérêt, aucun d'entre nous ne mit jamais les pieds.

« Le rituel des pokers dominicaux qui pesa tant à mon oncle Paolo, elle l'accomplit tardivement, à la majorité de son fils. Inutile de préciser que c'était la présence d'Ettore qui l'attirait chez nous. Elle venait taper le carton avec lui : Ettore ne raffolait-il pas des jeux de société ?

« Quand Paolo manifesta le désir de rejoindre son frère dans le sein de l'Église, monseigneur Ettore l'accueillit à bras ouverts dans son propre couvent... en compagnie de Lina.

Le salon des petites vertus

« Pour tous trois, la vie monacale fut de courte durée. La santé du cardinal déclina, l'obligeant à résider quelque temps sur les monts Sabins. Tandis qu'il s'installait au palais épiscopal de Poggio Mirteto, il eut vent que la cure de Nazzano, à quelques kilomètres de son lieu de villégiature, se libérait. Le presbytère, bien que modeste, pouvait recevoir padre Paolo, un prêtre, avec sa gouvernante...

« Ainsi Lina et Ettore passèrent-ils leur existence côte à côte, une existence paisiblement conjugale que ne vint troubler aucun drame.
« Paolo disparu, ils terminèrent leur vie à deux étages de distance et moururent à quelques mois d'intervalle.
« Un couple exemplaire.
« Leur liaison ne causa pas de scandale. Elle ne ternit pas la réputation d'une famille. Elle ne ruina pas la carrière d'un homme, cette carrière ecclésiastique à laquelle oncle Ettore tenait tant. Elle servit la Foi, la Science et l'État, puisqu'elle favorisa les travaux de deux frères, unis dans le grand combat contre la dénatalité, le fléau de l'Italie contemporaine. Bref, un bonheur positif, qui ne nécessita, de part et d'autre, ni sacrifice ni renoncement. »

Chicca Bini conclut avec une nuance d'ironie :
— De cette sorte d'amour... nous pouvons toutes rêver !
— Et Paolo ? demanda Émilie, à qui le sarcasme n'avait pas échappé.
— Ah... mon pauvre oncle Paolo, soupira Chicca. Il ne se douta jamais que cette grande pas-

sion dont il se croyait l'objet n'existait que dans son imagination. Il a fini, lui, par sacrifier sa vie à une illusion.

— J'aurais tout de même été curieuse de la voir, moi, la bobine du cardinal Bini ! s'exclama l'une des auditrices. Ce devait être un fameux personnage, pour avoir réussi à maîtriser ainsi son destin !

— Me croiriez-vous, répondit Chicca, si je vous disais que je ne me souviens plus de son visage ? J'ai beau chercher dans mes souvenirs, à cinq ans de sa disparition, je ne parviens plus à reconstituer les traits d'Ettore. Quand je tente d'interroger ses collègues, ils ne savent rien m'en dire ! J'ai voulu me faire expliquer son rôle dans l'Église, les raisons des honneurs dont le pape l'a gratifié. Son chapeau de cardinal, ses funérailles ? Je n'obtiens qu'une image floue dont nul ne garde impression. De cette absence de jugement, je n'ai réussi à extraire qu'une phrase unanime : « La personnalité d'Ettore Bini ne faisait pas de vagues. »

— Mais je l'ai connu, moi, monseigneur Bini, intervint la d'Entraygue. Je les ai connus tous les deux d'ailleurs, le docteur et le cardinal.

— Alors ?

— Tout à fait charmant, le docteur ! Plein de gentillesse, de sensibilité, de tact...

— Et le cardinal ?

— Semblable à ce qu'il paraissait : un être sans substance, sans forme, sans couleur. Ettore laissait passer l'air et la lumière ! À peine une façade d'homme d'Église et de savant... Et vous parliez de trompe-l'œil tout à l'heure ?

Le salon des petites vertus

Émilie sourit.

— À l'autre bout de la lorgnette, Rome couvre l'*invisibilité* du manteau de la gloire !... Mais qui sait si je ne me laisse pas tromper moi-même par les effets d'optique, par les architectures feintes des plafonds, les anamorphoses des galeries dont cette ville s'enorgueillit ? Sous un autre éclairage, le cardinal pourrait bien redevenir un formidable prélat... La d'Entraygue tapota affectueusement la main de Chicca Bini... Je ne doute pas de la véracité de ton récit. Et pourtant ! La société romaine garde trop jalousement le secret de ses jeux de perspectives pour que j'aie, sur les relations de Lina, de Paolo et d'Ettore, la moindre idée du mot de la fin... S'aimèrent-ils seulement ?

Masq. d'Economie.
Masq. de Sincerité.
Masq. Desinteressé.
Masq. de Fidelité.
Masq. de douceur.
Masq. de Charité.
Masq. de Constance.
Masq. de Moderatis.
Masq. de Complaisance.
Masq. de Devotion.

Anonima
ou
la vertu humiliée

Ce vendredi-là, c'était jour gras chez Émilie d'Entraygue : un homme trônait à sa droite, le sexe fort régnait à sa table. Rien de changé cependant au rituel de la maison. Émilie connaissait trop intimement son invité pour se gêner avec lui. Vraiment, rien de changé. Sinon que le déjeuner ne se tenait pas sur la terrasse — il y faisait trop chaud — mais dans le salon, autour d'une table carrée qui réunissait huit convives, entre les fauteuils et le canapé de chintz à ramages. De plat de résistance, la salade était devenue hors-d'œuvre ; le prosciutto s'était mué en gigot ; et deux bouteilles de bourgogne rouge étaient venues rejoindre le léger vin de Chianti. Virilité oblige... Oui, tout restait comme d'habitude. N'était la subtile allégresse qui électrisait l'atmosphère. Cette légèreté — qu'on exagérerait en la qualifiant d'excitation —, les commensales d'Émilie la devaient sans doute à la personnalité de l'hôte. Un vieil ami. Émilie les produisait à intervalles réguliers, ces amis qu'elle traitait avec une familiarité cavalière, une complicité qu'autorisait leur longue fréquentation. De cocktail en dîner officiel, de salle de concert en salle de théâtre, ils avaient partagé les mêmes plaisirs, critiqué les mêmes personnes, et dénigré les mêmes spectacles durant vingt ans. Ils pouvaient bien n'avoir pas échangé plus de cinq phrases consécutives, passé ensemble plus de trois heures d'affilée et ne s'être jamais regardés en face, Émilie se disait à raison intimement liée avec chacun de ces messieurs. Elle savait le nombre — et le nom — de leurs maîtresses successives, de leurs épouses, de leurs sœurs et de leurs filles qui, toutes, avaient fréquenté sa maison. Ajoutons néanmoins qu'aucune des six invitées présentes à la table d'aujourd'hui n'était proche du convive d'Émilie — du moins officiellement. Elle était donc seule, ici, à pouvoir se permettre ces railleries, ce badinage qu'elle affectait avec lui. Elle le mettait à l'honneur en le taquinant ; elle en faisait le point de mire en le provoquant. Bref, elle flirtait avec lui de manière éhontée. Pareil jeu pouvait faire penser, à qui ne la connaissait pas, qu'à son âge avancé la d'Entraygue cherchait encore et toujours à mettre les maris des autres dans son lit. Mais comme nulle ne lui avait jamais vu d'amant, pas une liaison de passage ni même un compagnon de voyage, sa chasteté lui donnait tous les droits. À soixante-cinq ans, la convenable Émilie se risquait donc à des sous-entendus de gamine, osant, pour le plus grand plaisir de tous et de toutes, des plaisanteries qui frisaient la gauloiserie. Surtout, surtout, en présence des hommes, elle plaçait la conversation sur le seul terrain qui intéressait vraiment les salonnardes : l'amour.

Or l'homme qu'elle avait assis à sa droite passait pour le don Juan de sa génération. Il s'appelait d'ailleurs Giovanni, que sa mère avait tendrement rallongé en Giovannino et qu'Émilie, par dérision, s'escrimait à prononcer à la française *Jeannot*.

Giovannino sévissait sous cet affectueux surnom jusque dans les milieux du marché de l'art. Il y avait fait une longue carrière, jalonnée de ruines à répétition. Sans enfants, sans parents, sans même de neveux à qui léguer ses biens, il ne s'inquiétait jamais du piteux état de ses finances et le souvenir de ses dettes ne perturbait pas ses nuits. Il comptait liquider sa dernière faillite comme il les avait toujours soldées : en s'éprenant d'une jolie femme riche qui leur assurerait à tous deux une heureuse et confortable vieillesse... En fait de vieillesse, Giovannino Picci n'avait *rien de vieux* ! Certes, à près de soixante-dix ans, ses cheveux avaient blanchi et son embonpoint — assez considérable — rendait quelquefois son pas hésitant. Il n'était pas — tant s'en faut — l'un de ces vieillards distingués dont les femmes remarquent la beauté. L'excès de tabac et d'alcool, trop de nuits blanches dans les night-clubs de toutes les capitales avaient fatigué ses traits : on pouvait même dire qu'en dépit de la plénitude de son visage, de ses rondeurs, il avait quelque chose d'usé. Et pourtant ! Était-ce le sourire ? Le regard ? L'enfant, le jeune homme qu'il n'avait jamais cessé d'être, affleurait à tout instant. En compagnie des dames, il gardait ses réflexes d'adolescent dragueur, le regard coquin planté dans leurs yeux, et la main qui frôle. Il semblait les aimer toutes, brunes ou blondes, jeunes ou vieilles, et tentait de les séduire, sans jamais douter de la réussite. L'âge et les échecs de sa vie professionnelle ne lui avaient rien ôté de son optimisme. Et comme il essayait de retenir entre ses bras *toutes* les représentantes du beau sexe, sur le nombre, il en obtenait quelques-unes parmi les moins laides.

À la vérité, ce n'étaient pas tant leurs charmes qui mettaient Giovannino en appétit que ceux de son propre personnage de séducteur, dont il aimait à reconnaître le pouvoir. Plus encore que son attirance pour les femmes, le besoin impérieux d'exister dans leur regard le poussait au grand jeu. Plaire ! Plaire à n'importe qui. Plaire à n'importe quoi. Il admettait volontiers que, laissé seul avec un manche à balai ou un bouton de porte, il leur eût fait la cour par plaisir de vaincre leur inertie, de les voir s'animer pour lui... et sauter dans son lit. Cette volonté de charmer, cette soif, le rendait irrésistible. Il faut bien avouer que Giovannino Picci jouissait d'un charisme exceptionnel !

Quiconque entendait cette voix qui montait du cœur et ces fous rires chaleureux, quiconque essuyait ce regard plein de tendresse et de gaieté fondait de sympathie. S'il eût fallu lui trouver un défaut pourtant, on aurait pu l'accuser d'indiscrétion. Giovannino ne respectait pas plus les secrets d'autrui que les siens propres. Il parlait, parlait et disait *tout*. Gare aux femmes mariées qui s'éprenaient de lui : il clamait ses victoires avant de les avoir remportées ; ne tarissait pas sur ses triomphes une fois la bataille enlevée. Ces travers lui avaient coûté fort cher dans le milieu des antiquaires et des marchands d'art. Mais il avait une façon qui n'appartenait qu'à lui de se mettre en valeur. Avec humour. Avec gaieté. Et quand il se vantait, il le faisait franchement, presque ingénument. On ne pouvait que le croire et l'admirer — tout en le prenant en flagrant délit de fatuité ! Précisons que le seul et unique ressort de ses actions, le moteur qui les justifiait toutes, restait la sincérité. Il savait marier sincèrement les exigences du cœur et celles de l'intérêt. Faire preuve d'hypocrisie, sans cesser d'être honnête. Il mettait la franchise au-dessus de tout et mentait spontanément, pour éblouir, pour enjôler, en adhérant dans l'instant à ses propres fictions. Ainsi leurrait-il, circonvenait-il, corrompait-il avec subtilité, enveloppant sa victime dans les meilleurs sentiments. Ce mélange de gentillesse et de rouerie faisait de sa disposition à partager avec autrui les mouvements de sa pensée et la mobilité de ses sentiments une arme redoutable.

— Dites-moi, mon cher Jeannot, demanda Émilie en lui versant les dernières gouttes de la seconde bouteille, quel serait l'acte le plus cruel que vous auriez commis à l'égard d'une femme ?

— Moi ? Cruel ?..., s'insurgea-t-il en riant. Jamais ! Une lueur de coquetterie passa dans ses yeux vifs... Bien que ma dernière épouse prétende que, de tous les hommes qu'elle a connus, je suis celui qui ai le plus fait pleurer les femmes, confessa-

Le salon des petites vertus

t-il en affectant l'honnêteté et l'embarras... Mais c'est faux, tout à fait faux !

— Vous vous seriez toujours bien conduit ?

— Irréprochable ! Il sourit de ce sourire mi-tendre, mi-canaille qui lui conservait sa jeunesse. Vous en doutez ?

— Aucun remords ? insista l'égérie.

— Du remords, non... Mais du regret, certainement : je pleure toutes celles qui ne m'ont pas aimé. J'ai été beaucoup abandonné, vous savez, minauda-t-il. C'est moi qui ai souffert par vous, mesdames !

— Ainsi vous n'avez perpétré aucune perfidie à l'égard du sexe opposé ?

— Le mot « perfidie » m'a toujours déplu... C'est, avec celui de « cruauté » que vous employiez tout à l'heure, le plus désagréable.

— Pas même une méchanceté ?

— Non... Vraiment, je ne vois pas...

Giovannino, faisant preuve de bonne volonté, réfléchit un moment. Chacune prit bien garde à ne pas interrompre, par une question, le cours de ses pensées.

— Ah, il y aurait tout de même une petite action, conclut-il, dont je ne suis pas très fier... C'était il y a des années... Pourtant, oui, je m'en veux encore !

— Vous vous en voudriez de quelque chose, vous ?

— Ma conduite dans cette affaire a longtemps pesé sur ma conscience.

— Allons donc, je n'en crois pas un mot, racontez-nous cela.

Émilie se carra commodément sur sa chaise. Du regard, elle exigea le silence et l'immobilité des auditrices. Son ami commença en ces termes :

« Les années de mes vingt ans, je les ai passées à Paris. J'y suivais des cours d'histoire de l'art à l'École du Louvre et à la Sorbonne. Mon père avait dans l'idée de me faire reprendre son magasin d'antiquités de la via del Babuino mais tenait à une formation universitaire. Vous l'avez connu : il était probablement le plus grand marchand d'art de sa génération et considérait les Picci comme une lignée à laquelle l'aristocratie avait tout à envier. S'il n'avait possédé un pied-à-terre à Paris, il m'eût sans doute envoyé à Londres faire mes armes au Courtauld Institute, apprendre les arcanes du métier chez Christie's... Mais il venait d'acquérir quai d'Anjou une centaine de mètres carrés sous les combles de l'un des plus somptueux hôtels de l'île Saint-Louis. Le lieu servait d'écrin à ses collections personnelles. Il y recevait d'éventuels acheteurs et m'y logeait avec le fils de l'un de ses clients. Si l'on a pu jamais me qualifier, moi, de fêtard, vous auriez dû rencontrer mon *roommate*. À nous deux, nous faisions la paire.

« La chance avait voulu que je jouisse à la Sorbonne du plaisir — et du privilège — que je trouve en ce moment avec vous, mesdames : j'étais le seul représentant de la gent masculine au sein d'une centaine de jolies filles. Je rabattais dans les amphis et mon complice et moi-même consommions de concert. Quant à l'imbécile qui a dit qu'on ne sait désirer que ce qu'on croit ne pas pouvoir obtenir, il n'a rien compris à l'amour ! À vingt ans, on passe de l'une à l'autre, en changeant le "bien" en "mieux". Nous n'y avions pas grande difficulté.

« Sans fausse modestie, j'ose dire que nous étions tous deux plutôt jolis garçons. Nos pères pourvoyaient à nos besoins. Nous vivions dans une somptueuse garçonnière : pas besoin d'estampes japonaises pour attirer les filles dans nos lits... Elles s'y succédaient. C'était un défilé continuel. Quand j'y songe, rêva-t-il, en affectant la honte. De vrais satyres ! Certaines de nos conquêtes n'avaient pas seize ans. Il m'est arrivé aussi de ramener des vieilles. L'une, notamment, ramassée dans un bar. Une épave dont je garde un souvenir ébloui... Elle était affreuse. Les seins pendants — je n'avais jamais vu des seins si bas ! Mais cette femme m'avait terriblement plu.

« De tous les souvenirs de cette période, le plus émouvant fut peut-être Concita, la concierge... Ah, ce petit corps charmant ! Une Espagnole... Faite à ravir... »

Giovannino dessina des deux mains, dans l'espace, une forme sinueuse.

« ... Entre midi et quatorze heures, depuis trois ans, elle montait passer l'aspirateur, vider les cendriers, jeter les bouteilles et refaire nos lits dévastés sans que je l'aie remarquée. Un jour, alors que je déjeunais seul dans la cuisine et qu'elle me servait mon repas, elle resta plantée là, derrière moi, tout contre ma chaise. Je levai la tête, me retournai. Elle était toute rouge. Ses yeux brillaient comme si elle allait pleurer. Sous son tablier, je devinais son petit

Anonima *ou la vertu humiliée*

cœur qui battait... Ah, vous n'imaginez pas l'émotion d'un homme devant une jolie femme qui le désire. Je tremblai à mon tour. Nous tremblions tous les deux. Je me suis levé, je l'ai prise par la main, j'ai dit : "Viens."

« Nos câlins se sont poursuivis toute l'année. Je savais, comme les autres locataires, que son mari la battait : elle ne m'en parlait pas. Pour rien au monde elle n'eût renoncé à nos plaisirs ! Quoi qu'il lui en coûtât, elle me rejoignait chaque jour à l'heure de la sieste. Ce havre d'amour était inespéré pour elle : nous nous roulions entre des draps de soie, nous finissions les bouteilles de champagne dans des flûtes XVIIIe, et j'adorais son petit derrière doux, lisse, poli comme un galet de la Méditerranée... Sans parler de mon émotion en la croisant matin et soir sous le porche, quand je frôlais ses seins du regard sous l'œil de son mari. Du jour au lendemain, elle disparut. La loge fut pourvue par un autre couple, des Portugais, dont l'épouse pesait bien cent kilos. Je songe souvent à ma brave petite Concita. Elle demeure un souvenir absolument délicieux. Quant à moi, j'aurai été pour elle son coin de ciel bleu... Je lui aurai donné un peu de bonheur : de quoi rêver pour toute une existence ! Ça aide à vivre, un beau rêve ! Je suis certain qu'elle m'est reconnaissante et qu'elle me reste attachée. Comme moi, je lui suis fidèle... toutes proportions gardées. »

Giovannino sourit d'un air entendu.

« ... Il est évident que les visites féminines n'avaient pas cessé du seul fait de ma liaison avec la concierge. Une belle Sénégalaise, entraîneuse dans une boîte de Pigalle, m'excitait tout particulièrement.

« Pourtant, au terme de cette période de consommation, qu'il faut bien qualifier de frénétique, arriva ce qui devait arriver : la satiété.

« J'avais vingt-cinq ans. Mon *roommate* et compagnon de chasse avait pris son envol du quai d'Anjou pour planer sous d'autres ciels de lit. Mes études d'histoire de l'art, la Sorbonne et le Louvre, étaient depuis belle lurette interrompues.

« Je travaillais avec mon père, repérant pour lui dans les salles de ventes françaises, à Drouot, ou en province, les tableaux et les objets Régence dignes de son intérêt. Il ne me laissait pas acheter. Pas encore. Mais mon "œil" l'épatait et, quand je le lui suggérais, il lâchait son magasin de Rome, se ruait à l'aéroport et venait inspecter mes trouvailles. Je m'étais pris au jeu ! J'osais des attributions improbables, je chassais le Fragonard sous la croûte, le Boucher, le Lancret, et trouvais à mes succès la même sorte d'excitation qu'en compagnie des dames.

« Seulement, maintenant, les liaisons de passage, les superbes idiotes ou les laiderons pathétiques ne me suffisaient plus. Je voulais du solide. Une valeur. Je rêvais d'une femme, d'une *vraie* femme qui ne fût pas seulement dans mon lit, mais à mes côtés... Je ne vous apprendrai rien, mesdames, en vous disant que l'amour — *tout* dans l'amour : la rencontre, le désir, le plaisir — est affaire de *timing*... Eussé-je eu le malheur de rencontrer Catherine un mois plus tôt, elle ne m'aurait pas retenu et je l'aurais manquée. Cette jeune fille croisa ma route et tomba dans ma vie au moment précis où la place était libre. Elle l'occupa entièrement ! Je mentirais en vous disant que le hasard fut total. De tous les types féminins que j'avais pratiqués, Catherine incarnait celui que je préférais. Une blonde, très mince, sans hanches, sans fesses. Avec une peau ! Vous n'imaginez pas, mesdames, l'importance de votre peau — son odeur, sa couleur, son grain... Oui, c'était la peau de Catherine qui la rendit si précieuse à mon cœur. Et son intelligence ! Et sa gaieté ! Elle était merveilleuse.

« Vous, les Françaises, s'exclama Giovannino en posant très affectueusement sa main sur celle d'Émilie, vous surpassez les femmes du monde entier ! Nulle ne sait aimer comme vous, avec cette profondeur, avec cette maturité dans les sentiments... Les Italiennes, sauf votre respect, mesdames, les Italiennes nous adorent jusqu'au mariage, puis elles nous font des scènes pour des bricoles. Les Françaises, elles, vont droit à l'essentiel. Elles ne se laissent impressionner ni par nos beaux discours ni par notre argent. Non, vous, Émilie, c'est l'âme que vous recherchez chez un homme. Et le miracle, c'est que vous la trouvez ! Giovannino esquissa son sourire polisson. Vous voulez notre âme, et peut-être aussi notre corps ? Catherine flirtait comme une déesse, elle savait se donner en se réservant tout entière, oui, vraiment ; elle avait une manière subtile et raffinée de faire l'amour, sans le faire, qui n'appartient qu'à la femme française. J'en étais fou. Elle me le rendait bien. Un soir que je la raccompagnais chez elle en voiture, après un dîner qui avait été magique, comme ils l'étaient tous avec elle, je lui dis que nous nous ennuyions un peu et que je croyais préférable que nous nous quittions bons amis. Je plaisantais, bien sûr ! Comment aurais-je pu me séparer de Catherine ? Je lui dis que nous venions de passer notre dernière soirée ensemble et que nous ne nous verrions plus... Une blague ! Mais elle me crut et fondit en larmes. C'était si peu son genre, ces sanglots, que son chagrin me bouleversa. Elle pleurait — ma Catherine toujours si correcte, si parfaite ! —, elle pleurait comme une enfant qui ne peut plus s'arrêter. Je ne savais pas comment la consoler. Je pris entre mes mains ce beau visage, j'embrassai cette bouche salée, je balbutiai qu'avant cette nuit je n'avais jamais dit à une jeune fille, à quiconque, que je l'aimais : c'était vrai, presque vrai ! "J'ai eu beaucoup de femmes dans ma vie, Catherine... Mais tu es la première pour qui je prononce ces paroles : je t'aime."

« Cette nuit-là, nous décidâmes de nous marier ; cette nuit-là elle m'appartint et tomba enceinte.

« Nos fiançailles plurent à mon père. Catherine était issue d'une bonne famille de Lyon. Elle avait terminé ses études et soutenu sa thèse sur un peintre caravagesque dont j'ai oublié le nom. Bien qu'elle ne fût pas spécialiste des petits maîtres du siècle des Lumières, elle pouvait m'accompagner dans mes voyages et me seconder. Et si mon père ne trouvait pas opportun qu'elle travaille, il jugeait de bon augure que l'"œil" de Catherine — moins exercé que le mien, mais plus prudent — puisse tempérer mes enthousiasmes. Ce fut donc à l'occasion de nos fiançailles — pour des raisons fiscales autant que familiales — qu'il me fit donation du magasin Picci via del Babuino et qu'il me confia l'organisation de notre nouvelle succursale de Paris.

« Chef d'entreprise, mari, père, j'allais donc endosser les trois rôles d'un coup ? Ce changement d'état m'inquiétait un peu. Mais je savais le temps venu et je me sentais heureux. Qui dira la poésie de ces mois de fiançailles ? Les jeunes d'aujourd'hui ne se fiancent plus ? Ils sont fous ! Ils manquent le plus joli moment de la vie, quand chaque étreinte est une promesse, chaque baiser une espérance. Vous souriez ? Mais j'y crois encore, moi, à l'éternité de l'amour ! Je reste un grand sentimental. Et la fois, la première fois où je dormis seul quai d'Anjou — j'avais laissé Catherine à Lyon chez sa mère —, je fus très frappé quand une sonnerie me réveilla, oui, très frappé, très ému.

« Cette nuit-là, j'avais conduit d'une traite entre Lyon et Paris, où une transaction avec un agent vénézuélien m'attendait le lendemain. Tiré de mon premier sommeil par un carillon, vers deux ou trois heures du matin, je crus qu'on sonnait à la porte. Je tâtonnai jusqu'à l'antichambre. Là, je pris conscience qu'il s'agissait du téléphone. Je me souvins que j'avais complètement oublié d'appeler Catherine en arrivant, comme je le lui avais promis, pour

Le salon des petites vertus

lui dire que j'avais fait bonne route et la rassurer. Je me précipitai vers l'appareil.

« Je le vois encore ce gros poste de bakélite, avec son cadran, son écouteur, son fil de tissu effiloché près du combiné : il trônait sur le marbre de la console Louis XV, dans l'entrée. Et, comme dans les dessins animés, il semblait se gonfler, bondir à chaque vibration. Je décrochai.

« — Jean ?...

« C'était une voix féminine, en effet. Mais pas celle de Catherine.

« — Jean ? répéta-t-elle.

« — Lui-même.

« Curieusement, je ne doutais pas que cette voix me cherchait, moi, Giovanni, bien qu'elle eût francisé mon nom.

« — Jean..., insista-t-elle. C'est moi.

« — Évidemment, c'est toi !

« La voix hésita. Il y eut un court silence au bout du fil.

« — Excusez-moi. J'ai fait un faux numéro, débita-t-elle en hâte. C'est une erreur... Excusez-moi !

« — Ne vous excusez pas : je suis peut-être l'homme que vous cherchez...

« — Non. Pardon... Je me suis trompée...

« Ce fut en cet instant que je pris conscience que, du français, la voix était passée à l'italien. Elle le parlait sans accent. À certaines inflexions, j'en reconnaissais l'origine : elle n'était pas vénitienne, ni florentine. Mais romaine. Et jeune !

Anonima *ou la vertu humiliée*

« — ... Ne raccrochez pas ! m'écriai-je. C'est le destin qui nous rassemble. Votre voix m'est très familière. Nous nous sommes déjà rencontrés, j'en suis certain... Était-ce à Paris ? Depuis combien de temps y habitez-vous ? Ou bien à Rome ? Ça y est, j'y suis ! Je vous ai vue Campo di Fiori. Vous traversiez la place à bicyclette. Il y avait un bouquet de fleurs sur votre porte-bagages. Il est tombé de votre panier. Je l'ai ramassé, je vous ai poursuivie... Et voilà.

« Elle rit.

« — Je n'ai jamais eu de bicyclette...

« — N'empêche... Vous avez perdu votre bouquet. C'étaient des renoncules, je m'en souviens, des renoncules roses. Je vous les ai rapportées, vous atteigniez presque la piazza Farnese. Rappelez-vous ! Vous vous êtes arrêtée au niveau du café. Vous avez pris dans vos bras les fleurs que je vous tendais. Et puis, de ce sourire si lumineux qui vous caractérise... vous m'avez souri.

« — Comment pouvez-vous reconnaître ma voix, railla-t-elle, si je ne vous ai rien dit ?

« — Mais vous m'avez parlé, bien sûr : vous m'avez remercié ! Et savez-vous en quels termes ? Non, vous l'avez oublié, vous ! Ah, vous entendre de nouveau, après toutes ces années ! Retrouver votre voix à Paris, dans une nuit de printemps... Si vous saviez l'émotion qu'elle me cause, votre voix !

« Elle m'écoutait. Je m'échauffais... "Chassez le naturel, il revient au galop" : je draguais une inconnue au téléphone à deux heures du matin.

Le salon des petites vertus

« — ... Je sens que je sais tout de vous... Tout — sauf l'essentiel : comment vous appelez-vous ?

« Je lui tenais mon baratin habituel, badinant avec plus de gaieté, plus d'esprit, plus d'aisance peut-être ; et je réussissais à l'amuser, puisqu'elle ne s'enfuyait pas.

« Je ne pus obtenir qu'elle me dise son nom cette nuit-là. Ni qu'elle me donne son numéro de téléphone. Mais nous bavardâmes un bon quart d'heure. Elle me trouvait drôle, sans doute, et riait quelquefois. J'étais déjà fou de son rire, un tout petit rire de poitrine, qui laissait augurer le meilleur. J'imaginais derrière cette voix si douce, si enveloppante, un cou gracile, une gorge, de tout petits seins ronds qu'il ferait bon caresser. Je lui proposai un rendez-vous.

« — Maintenant ? s'écria-t-elle.

« — Tout de suite ! Je vous attends. Rendez-vous au bar de La Tour d'Argent.

« — À cette heure-ci ?... La voix hésita. La Tour d'Argent est fermée.

« — Demain ?

« — Non, pas demain.

« — Quand ?

« — Je ne sais pas... Je vous rappellerai.

« Elle raccrocha brusquement.

« Je ne saurais vous peindre mon excitation : aucune femme ne m'avait mis dans un état pareil depuis longtemps ! Cette voix... Je vous parlais tout à l'heure, mesdames, du grain de votre peau. Mais votre voix ! Vous n'imaginez pas le pouvoir d'une voix quand elle est harmonieuse, douce, fraîche...

Celle-là charriait le parfum de la volupté. Je me recouchai, la musique de l'amour dans la tête, dans le cœur. J'en rêvais toute la nuit. Au matin, je me réveillais comblé par sa beauté. Comment la retrouver ? "La voix" avait dit qu'elle me rappellerait et j'attendis son coup de fil toute la journée. Le soir, je ne sortis pas. Je me couchai tôt. Je dormis mal. Je croyais toujours entendre le téléphone dans l'antichambre. Je me levais. J'écoutais. Je me recouchais, en cauchemardant que le poste sonnait, que je n'arrivais pas à décrocher à temps, que je manquais l'appel.

« Le lendemain, je pris rendez-vous avec les PTT pour faire installer un second poste sur la table de nuit — dans ma chambre.

« Le troisième jour, je me lassai de ma propre obsession. Puisque je ne pouvais rien entreprendre pour retrouver "la voix", ce petit jeu avait assez duré : j'abandonnais.

« Catherine était toujours chez sa mère à Lyon. Et comme je ne dînais pas avec elle ce soir-là, je rejoignis des amis au restaurant. Quand je rentrai, le téléphone sonnait derrière la porte. Jamais je n'ai tourné une clef avec une telle précipitation, fait pareil bond dans une antichambre. J'attrapai au vol le combiné.

« — ... Chose promise... — c'était elle, c'était "la voix" ! —, chose due, murmura-t-elle au bout du fil. Mais j'allais raccrocher.

« — J'étais sorti dîner, m'excusai-je, juste un instant.

Le salon des petites vertus

« J'étais si ému que, moi qui avais préparé d'irrésistibles discours dans ma tête pendant trois jours, je ne trouvai rien à dire. "La voix" hésita :
« — Alors... Je vous souhaite une bonne nuit.
« — Attendez !
« L'idée de la perdre de nouveau et à jamais me fit retrouver mon instinct.
« — D'où m'appelez-vous ?
« — De chez moi.
« — Et c'est où, chez vous ?
« Elle eut son petit rire de gorge, ce crescendo taquin qui m'avait tant plu :
« — Ha, ha, ça, je ne vous le dirai pas.
« — Me direz-vous au moins si vous êtes blonde ou brune ?
« — Puisque nous nous sommes déjà rencontrés..., badina-t-elle.
« — Blonde !
« — Peut-être.
« — Grande ou petite ?
« — Comment, de cela non plus vous ne vous souvenez pas ? Vous vous rappelez la couleur des renoncules sur mon porte-bagages, oui, mais moi...
« — Petite ! Mince. Très mince. Avec des attaches extraordinairement fines. Des poignets, des chevilles, des pieds minuscules.
« — Vous ne vous intéressez donc qu'à mon physique ?
« ... Comme de vieux complices, nous plaisantions dans la nuit : c'était gagné ! Je ne doutai pas d'obtenir sous peu sinon son numéro de téléphone, du moins un rendez-vous dans un café.

Anonima *ou la vertu humiliée*

« — ... Moi ? Ne m'intéresser qu'à votre physique ? On voit que vous ne me connaissez pas ! C'est votre âme qui me touche ! Mais accepteriez-vous de me dire ce que vous aimez vraiment ? Non ! Cela aussi, vous allez me le cacher ! Vous ne m'avouerez pas ce qui vous tient à cœur...

« Il y eut, au bout du fil, un long silence. Puis, comme trois notes de musique, "la voix" modula un mot :

« — La peinture.

« — Vous aimez la peinture ! répétai-je, ébloui. Quelle coïncidence !

« — Pourquoi ? chuchota "la voix".

« — Mais c'est toute ma vie, la peinture !

« — Vous êtes un artiste ?

« Je jugeai plus romantique de ne parler ni commerce ni boutique à cette voix enchanteresse. Je dramatisai :

« — ... Faussaire !

« — Vous copiez des tableaux ?

« — J'en ressuscite : *Les Fêtes galantes* du Louvre, *L'Escarpolette* du musée Cognacq-Jay, *Le Baiser* du Metropolitan : c'est moi ! Je *suis* Watteau, je *suis* Fragonard, je *suis* Chardin...

« Elle m'interrompit avec douceur :

« — Vous avez vu la sanguine exposée cette semaine dans la petite salle de Drouot ?

« "La voix" connaissait cette vente ?

« — Cette fois, ce n'est plus moi qui l'exige... C'est le Destin : nous *devons* nous rencontrer ! Puis-je vous inviter à déjeuner demain ?

« — Pas demain.

Le salon des petites vertus

« — Nous pourrions...
« — Non.
« — ... Mais juste prendre un...
« Elle ne me laissa pas achever. Elle avait raccroché.

« Je vous laisse juges, mesdames, de l'état dans lequel "la voix" m'abandonnait une seconde fois. Outre le fait qu'elle me privait brutalement de son exquise mélodie, un plaisir de l'oreille, une joie auditive qui avait éveillé tous mes sens et titillait mon désir ; maintenant elle m'excitait l'intellect ! Car la vente à laquelle "la voix" avait fait allusion ne pouvait retenir que l'attention des experts ou des marchands. Elle n'intéressait pas le grand public.

« Il s'agissait d'une succession : un bric-à-brac de meubles, de tableaux, de bibelots, vendus par lots. J'avais repéré, dans ce fatras, quelques objets de la période qui m'intéressait : une tabatière, une miniature sur émail, et deux jolis dessins XVIIIe, notamment une sanguine de qualité. Rien de majeur : dans le coup de crayon, je ne suspectais pas un Quentin de La Tour. Mais que la voix ait évoqué la sanguine... Elle avait l'"œil", si j'ose dire. Aucun doute : nous étions faits l'un pour l'autre !

« Cette nuit-là, ma tête, mon corps, mon cœur brûlèrent de curiosité entre mes draps ! Inutile de vous dire que je ne dormis pas et que mon imagination vagabonda jusqu'à l'aube.

« Le matin, la vente commençait à onze heures : je ne doutais pas d'entendre "la voix", la précieuse voix, faire monter les enchères : j'allais la rencontrer, ma belle inconnue !

« Dans la petite salle noire de Drouot — je vous parle de l'ancien Drouot, celui qui n'avait que deux salles —, quelques marchands de ma connaissance battaient la semelle. Des vieux de la vieille qui tenaient leurs stands aux puces de Clignancourt et de Vanves. Mais aucune jeune femme qui fût italienne !

« Je n'eus pas de difficulté à enlever ma sanguine, que je trouvai beaucoup moins intéressante que prévu et rétrocédai presque aussitôt, sans me donner la peine de la faire encadrer.

« Comment retrouver "la voix" maintenant ?

« Miracle : elle me rappela le soir même !

« — Alors ? me demanda-t-elle d'entrée de jeu. Vous l'avez eue ?

« Je fus si surpris — je n'aurais jamais osé l'espérer si tôt ; dix heures n'avaient pas sonné au cartel ! —, je fus si surpris que je restai sans comprendre.

« — Qui ?

« — La sanguine.

« — Ah, la sanguine, oui, je l'ai eue. Et revendue presque aussitôt.

« — Faussaire *et* marchand ? railla-t-elle. Intéressant.

« Je vous ferai grâce, mesdames, du détail de nos bavardages. Ils se répétèrent durant toute une semaine. Elle me téléphonait chaque soir, entre dix heures et minuit... Qu'il me suffise de vous dire que je ne commis plus l'erreur de reproposer un rendez-vous à "la voix", ni de lui demander son nom et son numéro. Je profitai de l'instant présent, jouissant de chacune de ses inflexions, me délectant de son rire, respectant ses silences.

« Nous passâmes ainsi, petit à petit, de la drague au partage. Nous échangions nos idées, nos sentiments, nos secrets...

« Ces conversations très intimes duraient une vingtaine de minutes. Je gagnais chaque nuit un peu de temps... et beaucoup de terrain ! Je sentais que "la voix" trouvait autant de plaisir que moi à ces confidences nocturnes et qu'elle n'aurait eu garde d'y manquer ! Et si je conservais l'idée fixe de la rencontrer, je commençais à trouver une forme de bonheur dans les joies de l'attente.

« Sur ces entrefaites, Catherine rentra de Lyon.

« En la regardant surgir du wagon, sauter sur le quai, courir dans mes bras, je n'éprouvai rien et repérai, dans la seconde, les symptômes du désamour. Cette lassitude, je la connaissais bien : sur ce point, j'étais rodé. Qui dira l'ennui, au matin, devant la femme qu'on a désirée et possédée la veille ? Cette brusque impatience devant ce corps, ces bras, ces mains qui vous envahissent... Jamais je n'aurais cru éprouver pareils sentiments à l'égard de la charmante Catherine ! Et pourtant ! Alors que nous marchions côte à côte le long du train, je fus sur le point de prononcer les phrases que je lui avais dites dans la voiture trois mois plus tôt. Seulement cette fois-ci, gare de Lyon, je n'aurais pas plaisanté !

Anonima *ou la vertu humiliée*

« La rupture me parut tout de même un peu précipitée. La flamme se rallumerait peut-être.

« Plein de bonne volonté, je l'emmenai dîner sept soirs de suite dans l'un des restaurants de l'île Saint-Louis. Mais je ne pouvais me résoudre à la ramener chez moi : sa présence dans mon lit eût gêné mes conversations avec "la voix".

« Au dixième coup de l'horloge, je payais l'addition et raccompagnais Catherine, à pied le long de la Seine, jusqu'à son studio. Et si je l'embrassais sous le porche, si je la caressais dans l'ascenseur, je refusais ses invitations à partager ses nuits.

« J'attendis en vain le miracle d'une recrudescence de passion.

« Nos repas en tête à tête devenaient une torture. Je la regardais, je l'écoutais parler — elle m'agaçait. Ce n'était pas sa faute, ce n'était pas la mienne : je ne supportais même plus la façon dont elle mangeait. Les desserts, notamment. Quand elle saisissait d'une main sa coupe de mousse au chocolat et que, de l'autre, elle en grattait le fond à petits coups rapides qui faisaient tinter le verre — elle m'exaspérait !

« La magie entre nous avait disparu. Elle m'était tombée du cœur.

« J'hésitais quant à la façon de le lui faire comprendre.

« J'avais peu de temps devant moi... Catherine était enceinte de trois mois. Le petit voyage en Angleterre deviendrait bientôt difficile, voire impossible. Or je ne doutais pas que si nous laissions venir au monde le bébé qu'elle portait, nous en ferions un malheureux ! Par chance, elle me prit de vitesse et parla la première.

« — Giovannino, m'avoua-t-elle, je sens... Elle reposa sa cuillère. Je sens qu'entre nous... Je sens que ce n'est plus comme avant... Tu as... rencontré quelqu'un ?

« ... *Quelqu'un ?*

« Pouvais-je ainsi définir "la voix" ? Un murmure dans la nuit au bout d'un fil...

« — ... Dis-moi la vérité, insista-t-elle : y a-t-il une autre femme ?

« — Une femme ?... Ce serait exagéré. Un fantôme, un spectre...

« Je lui racontai les deux premiers appels et toutes les conversations téléphoniques des semaines passées. J'aurais pu lui mentir : je ne lui cachai rien ! Je lui décrivis par le menu le pouvoir de séduction de "la voix", ses inflexions, ses soupirs, et toutes les émotions qu'elle me causait.

« — Si tu l'entendais, Catherine, c'est le chant des sirènes ! Quand elle chuchote à mon oreille — je ne suis plus moi-même. Il faut, comme Ulysse, m'attacher au mât de misaine.

« En vieux complices nous devisâmes ainsi, Catherine et moi, parlant de "la voix" jusque tard dans la nuit, trop tard pour que je puisse espérer un appel chez moi à cette heure.

« Catherine m'écouta avec intérêt, avec sympathie. Nous conclûmes ensemble que "la voix" devait appartenir à une jeune Italienne très lettrée, une fille de diplomate peut-être ? C'était bien naturel, après tout, que je trouve tant de plaisir à bavarder avec elle : nous étions, elle et moi, enfants de la mer et du soleil ; nous appartenions à la Méditerranée, nous partagions le même passé.

« Quand le restaurant ferma, je ramenai Catherine avec moi quai d'Anjou. Nous fîmes l'amour... un amour tellement fade et teinté de culpabilité que je me sentis obligé de multiplier les preuves de tendresse à son égard. Jamais je ne me montrai plus affectueux avec Catherine que cette nuit-là... Au matin je la laissai partir sans regret.

« À dire vrai, j'étais furieux contre elle. À cause de Catherine, j'avais manqué "la voix" ! Elle m'avait fait perdre l'appel ! Et maintenant ? De quel moyen disposais-je pour retrouver mon inconnue ?

« À l'heure du déjeuner, je joignis Catherine. Au téléphone, je lui dis la vérité. Qu'il était indigne d'elle et de moi de nous voiler la face : j'allais gâcher sa vie, j'allais faire son malheur et celui de l'enfant à naître ! Nous n'avions ni l'un ni l'autre le droit de prendre pareille responsabilité : mettre au monde un petit être que nous étions tous deux certains de conduire au désespoir.

« Elle reçut mon cri d'alarme avec froideur et dignité.

« Nous convînmes de partir ensemble pour Londres le week-end suivant : ce voyage de deux jours pouvait seul nous rendre une espérance de bonheur. Dans l'avenir.

« Le soir, je restai à proximité du combiné. À dix heures le téléphone sonna. Mon cœur bondit dans ma poitrine. "La voix" restait fidèle à notre rendez-

Le salon des petites vertus

vous — quoi qu'il arrive ! Je me trompais. C'était Catherine.

« Elle m'avertissait qu'il était inutile que je l'accompagne en Angleterre. Sa meilleure amie ferait l'affaire. Elle n'avait plus besoin de moi.

« Nous nous quittâmes un peu sèchement. Mais je la connaissais, ma Catherine : sous ses airs de madone, c'était une force de la nature, une *survivor*, comme disent les Américains. Je savais que je n'avais pas trop de soucis à me faire : elle s'en tirerait...

« Nous nous sommes revus, vous savez, des années plus tard. "À quel désastre nous avons échappé tous les deux ! s'est-elle exclamée en me tombant dans les bras. C'eût été une catastrophe !" Dire que cette petite phrase me flatta serait une exagération. Mais retrouver Catherine si gaie, si bien dans sa peau, me réchauffa le cœur ! D'autant qu'en m'abandonnant à "la voix" elle m'avait autrefois laissé dans un beau pétrin !

« Me séparer d'une femme aussi charmante qu'elle, c'était prendre de sacrés risques ! Qui sait si "la voix" me rappellerait jamais ? Par honnêteté, j'avais lâché la proie pour l'ombre, alors que j'aurais pu garder et l'une et l'autre, comme la plupart des hommes. Je n'appartiens pas à cette catégorie-là, moi, qui trahit sa femme avec sa maîtresse, et réciproquement. Je n'ai jamais trompé personne. Au fond, je suis monogame : mon cœur ne peut appartenir qu'à une seule. Et il appartenait à "la voix". Pour le meilleur ou pour le pire...

« Par chance, le meilleur se réalisa promptement. Le soir même de ma rupture avec Catherine, nous bavardions à nouveau dans l'antichambre.

« Durant toute cette troisième semaine, nous apprîmes à nous connaître. Contrairement à ce que j'avais cru, "la voix" ne fréquentait pas la salle Drouot et n'y avait repéré "notre" sanguine que par le hasard d'une promenade dominicale. Elle était italienne. Elle avait un peu plus de vingt-deux ans. Ah oui, je retrouvais au bout du fil la musique de mon enfance, les couleurs de ma ville natale : Rome !

« Nous nous comprenions à demi-mot, elle et moi, *sotto voce*... Cette fois, j'en étais certain. Je l'avais déjà rencontrée, cette "voix", autrefois. Elle se laissait gagner par cette certitude elle aussi : nous nous étions follement aimés dans une autre vie !

« Au début de la quatrième semaine, l'évidence s'imposa. "La voix" convint avec moi que nous ne pouvions échapper à notre destinée. L'heure avait sonné : nous *devions* nous rencontrer.

« Elle accepta, ô miracle, de venir chez moi ! Nous prendrions une coupe de champagne dans l'antichambre où nous avions déjà passé tant d'heures ensemble, avant d'aller célébrer notre amour dans le ciel de Paris : nous dînerions à La Tour d'Argent, ce lieu mythique où je lui avais proposé notre premier rendez-vous.

« Elle m'imposa un ultime délai de trois jours. Nous prîmes date pour le mardi 2 juillet à vingt heures, quai d'Anjou.

Le salon des petites vertus

« Je ne vous détaillerai pas mon excitation et passerai sous silence l'effervescence de mes préparatifs. Je ne doutais pas trop que les collections paternelles feraient leur effet habituel. Mais je comptais davantage sur les petits bouquets de renoncules roses que je disposai partout dans les vases. Et sur les livres, tous les livres dont nous avions évoqué les titres, que je distribuai, bien en évidence sur les tables, les fauteuils et l'épinette. Le moindre détail de mon appartement se voulait une orchestration de nos propos, un écho concret de chacune de nos paroles.

« L'avant-veille du jour J, tout était déjà prêt. Même le gros téléphone que j'avais placé en exergue sur un socle de marbre comme un buste d'empereur romain. Pour la première fois, je redoutais qu'il sonne ; que "la voix" m'appelle ; qu'elle me décommande !

« Ce que je craignais ne manqua pas d'arriver. Le dimanche soir, tard, "la voix" téléphona. Elle avait un empêchement de dernière minute mardi. Elle voulait remettre notre rencontre de deux jours. Si je fus déçu, je vous le laisse deviner ! Jeudi prochain ? La date tombait mal pour moi, on ne peut plus mal ! J'étais en Avignon. J'y devais traiter une affaire d'importance qui me tenait très à cœur. Et qui, si je l'enlevais, ferait passer la pilule de la rupture de mes fiançailles auprès de mon père. Elle le consolerait de la perte d'un héritier dont il n'avait pas douté qu'il serait un petit-fils Picci, son digne successeur.

Anonima *ou la vertu humiliée*

« Je comptais acquérir tout un plafond, une toile marouflée de quatre mètres sur six : je soupçonnais qu'elle avait été exécutée sinon par Watteau, du moins par ses élèves et dans son atelier. Depuis des mois, je travaillais le propriétaire au corps. Je l'avais invité cinq fois à déjeuner dans le meilleur restaurant du Midi et lui avais acheté, pour l'amadouer, un bon nombre de babioles à un prix insensé. J'avais donc beaucoup investi dans cette transaction qui devait se conclure sur place, dans son petit château aux environs d'Avignon, ce jeudi 4 juillet précisément.

« Afin de justifier auprès de "la voix" les difficultés que je soulevais quant à ce changement de date et pour la rassurer sur mes sentiments à son égard — je la sentais terrifiée par notre rendez-vous et la soupçonnais d'avoir trouvé un prétexte pour y échapper —, je lui expliquai l'importance de cette affaire, je l'étourdis avec le prix du plafond, je l'assommai en lui donnant le lieu, le nom du propriétaire — et de l'acquéreur — car j'avais déjà prévendu mon trophée au Getty Museum, avec un profit qui s'élevait à près du quintuple de son prix d'origine : "Cette seule transaction va nous permettre de vivre en rentiers jusqu'à la fin de nos jours, tous les deux !" Elle n'eut pas l'air très impressionnée. Seulement abasourdie par mon enthousiasme, sonnée par mon éloquence... Je la savais curieuse de ma personne, assez intéressée pour m'avoir téléphoné chaque soir. Oui, je la sentais mordue, autant que je l'étais moi-même. Amoureuse sans doute. Elle aussi devait bouillir d'impatience au

229

terme de ces trois semaines. Seulement, c'était une jeune fille de vingt-deux ans et elle avait peur. Quand je fis mine de repousser notre entrevue à quinze jours, un mois, deux peut-être, elle obtempéra immédiatement.

« Le rendez-vous fut donc maintenu tel qu'il avait été prévu. Elle viendrait le surlendemain, mardi 2 juillet.

« Ah, le triomphe et la magie des dernières heures ! J'avais finalement conduit "la voix" où je la voulais. Ici. Chez moi.

« Durant ce petit mois, j'étais repassé (en apparence) de l'état de futur chef de famille, de mari et de père, à celui, beaucoup moins glorieux, de dragueur de minettes. Et pourtant ! Je me sentais serein... Enfin serein ! Avec Catherine, je m'étais trompé d'épouse. La vie m'avait fait ce cadeau de m'en avertir à temps. La seule femme au monde qui devait porter mon nom, et me donner des enfants, allait entrer dans la pièce...

« Elle se montra aussi pressée que moi : trente minutes avant l'heure dite, elle sonnait à la porte.

« Vous dire mon émotion en traversant l'antichambre, en tirant le taquet, en ouvrant tout grand, serait superflu : j'avais les jambes en coton, je défaillais.

« Mais quand, dans l'encadrement de la porte, je la vis, ce fut pis encore. Je manquai m'évanouir.

« Ce n'était pas un monstre, non. Ni une sorcière. Ni un gnome. C'était une chose blonde qui pouvait, en effet, avoir vingt-deux ans. Ça évoquait la truie et le lapin. Je n'irais pas jusqu'à vous dire que c'était albinos, mais ça me regardait avec une expression si fixe et si niaise que les yeux me parurent plutôt rouges. Vous riez ? Pas moi ! Jamais je n'avais ramené à la maison une fille aussi moche. Je compris qu'elle, elle me trouvait beaucoup mieux que dans ses rêves les plus fous...

« Je pris sur moi. Je la priai d'entrer. J'étais probablement très pâle, et ma voix s'étranglait. Je m'effaçai pour la laisser passer. Elle traversa l'antichambre en avançant de côté, soucieuse de ne pas me présenter ses fesses dans toute leur ampleur. Je soupçonnai qu'elle cherchait à me cacher son derrière qui devait la complexer tout particulièrement.

« Nous passâmes devant le téléphone qu'elle gratifia d'une plaisanterie et je l'introduisis au salon. Elle s'assit. Je débouchai le champagne que je lui avais promis.

« Bien qu'elle portât une robe de cocktail à fleurs vertes qui lui moulait le ventre, elle n'était pas vulgaire. Même pas vulgaire ! Imbaisable, seulement. Elle devait appartenir à la bonne bourgeoisie romaine, comme l'avait supposé Catherine, et son petit rang de perles lui venait sûrement de sa maman.

« En cette nuit de juillet, il faisait chaud sous les combles : à chaque gorgée de champagne elle transpirait et je ne pouvais quitter des yeux les auréoles qui maculaient, sous ses bras blancs constellés de taches de rousseur, sa robe sans manches. La perspective de passer toute une soirée en tête à tête avec ce pot à tabac me semblait une épreuve au-dessus de mes capacités.

Le salon des petites vertus

« Je fis un effort de conversation. Elle m'assomma de détails sur ses études, l'intitulé de ses cours à Sciences-po, ses ambitions diplomatiques... Je ne retrouvais même plus la mélodie de sa voix ! Non, vraiment, au naturel, sans le filtre du téléphone, "la voix" redevenait d'une banalité à pleurer. Si je ne songeais pas à lui demander son prénom, elle tint à me le dire. Mais sous forme de rébus.

« — Je me nomme presque comme le titre d'un livre de votre siècle favori.

« ... Un gros rat de bibliothèque, voilà ce que j'allais devoir conduire dans ce lieu de magie qu'est La Tour d'Argent !

« — ... Celui d'un philosophe suisse...

« Je n'avais pas le cœur au jeu — à celui des devinettes moins qu'à tous les autres : de ce côté, j'avais assez donné — et coupai court. Le temps était largement venu de nous rendre au restaurant. D'un petit air primesautier, elle me fit d'ailleurs remarquer que, si nous ne nous dépêchions pas, nous allions perdre notre réservation.

« Je levai le camp.

« Dans la rue, elle me montra sa voiture qu'elle avait garée juste devant chez moi.

« Je l'y poussai presque de force et la priai de foncer retenir notre table, avant que le maître d'hôtel ne la donne à quelque couple d'Américains ou de Japonais : nous étions tellement en retard qu'ils allaient croire à un désistement ! Moi, je devais remonter un instant : j'avais totalement oublié d'actionner le système d'alarme ! Je la rejoindrais à pied, La Tour d'Argent était au coin de la rue...

"Dans dix minutes maximum !" J'insistai : c'eût été trop bête que notre table nous file sous le nez, j'avais eu tant de mal à l'obtenir !

« Elle eut l'air un peu surprise, mais elle m'obéit. Je la regardai démarrer, manœuvrer... Je m'assurai qu'elle disparaissait au bout du quai, passait de l'autre côté de l'île Saint-Louis et stationnait devant La Tour d'Argent. Quand je la vis donner sa clef au chasseur, je sautai dans un taxi. Il me conduisit à l'autre bout de la ville, où je dînai et couchai en d'autre compagnie.

« Voilà, mesdames, le récit de la seule cruauté que j'aie commise dans ma vie. Je m'endors le soir en songeant que le petit pot à tabac m'attend toujours ! Je l'imagine, assise, seule, tout contre la baie vitrée qui surplombe Paris. Elle boit l'eau que le serveur lui sert. Elle refuse le vin. Le luxe des lieux l'intimide. À côté d'elle, on fête un anniversaire, on apporte un gâteau. Elle se lève. Tire sur sa robe qui plisse, cherche les toilettes, demande le téléphone, compose mon numéro qu'elle connaît par cœur. Elle laisse sonner, plus longtemps qu'elle ne l'a jamais fait. Elle raccroche, hésite sur la pièce à laisser à la dame pipi. Et la voilà de nouveau assise sur sa chaise.

« Le maître d'hôtel la presse de passer sa commande. Elle l'assure de mon arrivée imminente.

« Son regard file tristement vers la Seine qui serpente à ses pieds...

« Qui sait si la pauvre enfant n'y a pas terminé la soirée ? J'ai peut-être sa mort sur la conscience !

Le salon des petites vertus

« Mais avant — laissez-moi vous préciser qu'elle en a bien profité... Quand le maître d'hôtel lui a présenté pour la troisième fois la carte sans prix, elle a choisi son plat avec un instinct très sûr pour ce qu'il y avait de plus lourd et de plus cher.

« J'avais prévenu la direction, donnant ordre qu'on mette son addition sur mon compte — il était hors de question que je laisse cette petite étudiante anonyme se ruiner dans l'aventure —, eh bien, je peux vous dire qu'elle était salée, l'addition ! J'ai compris d'où lui venaient ses fesses : *Anonima* aimait trop le confit de canard.

« Je suis content pour elle qu'elle ait pu se taper la cloche à mes frais. J'y trouve la seule consolation à cette aventure, dont, croyez-moi, je ne suis pas fier ! J'en éprouve un lancinant remords. »

Sur cet air de contrition, le narrateur acheva son récit.

Il y eut un silence.

— Vos scrupules vous honorent, approuva la maîtresse de maison. Ce que Jeannot ne vous a pas précisé, dit-elle en se tournant vers ses autres invitées, c'est que cet hôtel particulier qu'il habitait n'était autre que l'hôtel Pimodan où Baudelaire et Gautier fumaient autrefois du hachisch. Un lieu historique ! On montait chez lui par un escalier à vis, qui prenait au troisième étage. Dans l'antichambre de son appartement, il y avait — outre la console et le poste de téléphone — un très joli pastel de femme en robe rose thé...

— Vous avez une mémoire, Émilie !... Je ne me souvenais même pas que nous nous étions connus si tôt dans la vie !

— ... Et quel goût exquis dans le camaïeu gris perle de ses rideaux ! Et ces flûtes à champagne en cristal de Bohême sur la table basse !... Sans parler de sa bibliothèque : *Les Liaisons dangereuses* en édition originale et toute l'œuvre de Rousseau... En parlant de Rousseau, justement, comment disiez-vous que s'appelait votre « voix » ? Un titre de livre... *La Nouvelle Héloïse* ?

— Pauvre Abélard ! Si son Héloïse avait le corps de mon pot à tabac, je le plains.

— ... Ou l'*Émile* ?

— Plutôt Émilie.

— C'est vous, articula-t-elle, sarcastique, c'est vous qui l'avez dit.

Une lueur passa dans le regard de la vieille d'Entraygue, une expression aigre où se mêlaient l'amertume et la cruauté.

Son voisin en demeura pétrifié.

Quant aux autres, elles gardèrent un lourd et prudent silence.

Chacun s'absorba dans ses pensées.

— Ah non ! finit par s'exclamer Giovannino en explosant de ce rire qui réchauffait le cœur. Vous ne me ferez pas croire cela, Émilie ! Je sais qu'Alzheimer me guette, mais, non, vous ne me ferez jamais croire que c'était *vous*, la jeune fille...

Son hôtesse resta de marbre. Elle poursuivit :

— Quand vous l'avez poussée dans sa voiture, une Ami 6 bleue, vous ne lui avez pas intimé l'ordre de vous attendre à La Tour d'Argent. Mais Au Clos fleuri, un restaurant beaucoup plus modeste au fin fond de Neuilly... Rue Saint-James exactement. Le restaurant n'existe plus, mais la distance entre le quai d'Anjou et la rue Saint-James demeure. La durée d'un trajet aller et retour vous assurait de la certitude que le « pot à tabac » ne reviendrait pas carillonner à votre porte, du moins pas immédiatement : vous pouviez appeler votre taxi, sans hâte. Quant à l'addition, vous ne l'avez jamais payée, puisque le « lapin albinos » n'a trouvé Au Clos fleuri ni réservation à votre nom ni table.

Giovannino Picci ne cilla pas. Il avait juste la figure un peu congestionnée : l'excès de bourgogne pouvait expliquer la carnation de son teint. Une seconde, il baissa les yeux. Puis il releva la tête : avidement, il scruta le visage d'Émilie, tentant de retrouver dans ses traits, dans ses cheveux gris, dans son regard intelligent, les traits de la jeune fille d'autrefois... Certes, l'égérie de la piazza Navona n'avait pas dû être ce qu'on appelle une beauté ! Elle était petite, trapue. Mais elle avait le corps ferme, un corps de vieille dame qui prend soin de sa forme physique, qui marche, qui nage...

Il retrouva d'un coup sa bonne humeur :

— Ma très chère amie, non seulement vous n'avez rien d'un pot à tabac, mais votre voix ne ressemble absolument pas à « la voix » que j'ai entendue tant de fois dans ma jeunesse ! Même au téléphone, vos inflexions sont tout autres ! Vous n'avez ni son débit, ni son timbre, ni ses modulations.

— Ah, mais je n'ai pas dit que j'étais « la voix », approuva-t-elle avec douceur. Juste le *lapin albinos*, *la grosse truie*, la fille moche qu'on humilie. Émilie éleva le ton. Le truc imbaisable qu'on traite comme de la merde !

De quelles profondeurs remontaient cette grossièreté, cette véhémence, qui lui ressemblaient si peu ? C'était la première fois que la très convenable Mlle d'Entraygue s'exprimait avec une brutalité qui trahissait un sentiment personnel et violent. En pouvait-on déduire qu'elle était vraiment la laissée-pour-compte du Clos fleuri ? Et que la description qu'elle venait d'entendre, la confirmation de l'effet qu'elle avait produit sur un prétendant dont les sentiments lui étaient tout acquis la replongeaient, à cinquante ans de distance, au fin fond de son indignité d'autrefois, dans le même abîme de douleur et de honte ? Qui sait si l'incident n'avait pas changé le cours entier de son existence ?

De cette nuit de juillet, de cette nuit d'abandon, datait peut-être la peur, la grande peur d'Émilie d'Entraygue : celle d'être à nouveau ridiculisée par un homme, bafouée, mortifiée... Était-ce semblable terreur qui l'avait rejetée dans l'état frileux de la vieille fille, lui interdisant à tout jamais d'aimer ? L'empêchant de vivre ?

Ses auditrices éprouvèrent une telle gêne devant cette souffrance à peine entrevue que l'une d'entre elles s'exclama :

— C'est absurde !

— Ah oui ? Vous croyez ? L'hôtesse sourit benoîtement. Il est vrai qu'en matière de cruauté la limite entre la victime et le bourreau reste ténue... Dites-moi, Jeannot, le plafond marouflé, le grand Watteau, quatre mètres sur deux, vous l'avez eu ?

Le salon des petites vertus

— Non.
— Ah, mais vous devez aussi nous raconter cette histoire-là !
— Quel rapport avec « la voix » ? grommela son interlocuteur.
— Allez, allez !
De mauvaise grâce, il s'exécuta.
— Quand je me présentai en Avignon, le jeudi 4 juillet, la toile avait disparu. Le propriétaire prétendit qu'on avait pillé son château tandis qu'il se promenait dans son parc. Comme si l'on pouvait déposer un plafond de cette dimension en dix minutes ! Quoi qu'il en soit, je n'en pus rien obtenir. Je lui intentai un procès — que je perdis. Et les conservateurs du Getty Museum me firent payer mon échec grassement. Non seulement ils exigèrent leur avance, majorée d'intérêts faramineux, mais ils clamèrent partout mon incompétence. Ils me firent une réputation telle que je cessai de travailler avec les musées américains. Et, par contagion, avec tous les musées d'Europe. J'avais des dettes... Giovannino eut un petit rire. Ce fut le début de la fin de ma carrière de marchand.
— Et vous n'avez jamais fait le lien ?
— Quel lien ?
— Mon ami, vous êtes encore plus lourd que je ne le pensais... Émilie soupira. Et, comme navrée de cette constatation — à regret —, elle développa l'idée qui semblait échapper à son interlocuteur. Vous aviez raison tout à l'heure : je ne suis pas « la voix »... « La voix », c'était mon hôtesse, une Italienne un peu plus âgée que moi, et beaucoup plus

Anonima *ou la vertu humiliée*

fortunée, qui me louait une chambre chez elle à Paris. Elle possédait, rive gauche, une galerie d'art. Vous la connaissez, d'ailleurs : elle a repris votre magasin via del Babuino lorsque Picci e Picci ont fait faillite...

— Quoi ? hurla Giovannino. Cette garce ?

— Elle-même... Je ne me rappelle plus ce que vous lui aviez fait, avant l'épisode du coup de fil... Elle vous en voulait ! S'est-il agi, entre vous, d'un règlement de comptes professionnel ? D'une vengeance sentimentale ? Pour ma part, je ne savais pas qui vous étiez et je ne vous avais jamais vu.

« Le soir de son premier appel nocturne, elle s'était vraiment trompée de numéro : votre nom figurait à côté d'un autre sur son agenda. Lorsqu'elle eut compris qu'elle avait affaire à Giovanni Picci — elle devait quand même vous avoir beaucoup fréquenté ! —, elle eut le désir de jouer avec vous, un petit peu. Mais cette fois, c'était elle qui allait incarner le chat. Ah, ça, grâce à vous, elle a pris du bon temps ! Quel formidable pigeon vous avez fait ! On peut dire que vous avez foncé dans le filet, sans états d'âme ! Une fois votre désir enclenché, vous rouliez tout seul, dans un désintérêt complet pour la personne sur laquelle vous aviez fixé votre obsession. "La voix" n'avait rien à dire, rien à faire. Au point que votre monologue en devenait ennuyeux.

« Elle a donc pris des risques, histoire de pimenter l'échange, et m'a mise dans le secret de son petit manège en me faisant écouter vos conversations.

Le salon des petites vertus

« Vous n'avez même pas remarqué, tant vous étiez absorbé par vos propres fantasmes, qu'au terme de la première semaine la voix piquait des fous rires ! Quant à moi, l'écouteur à l'oreille, je devais me pincer pour ne pas exploser au téléphone. À la fin, nous riions tant toutes les deux que les réponses de "la voix" n'avaient plus ni queue ni tête, sa parole devenait saccadée, ses propos incohérents. Peu vous importait. Je lui soufflais ses répliques. Et vous restiez imperturbable ! Nous étions persuadées que vous alliez vous apercevoir que "la voix" disait n'importe quoi ! Mais non. Vous vous vautriez dans votre illusion, vous vous complaisiez dans cette chimère à laquelle vous sacrifiiez la fiancée qui vous aimait, votre enfant à naître. Et vous cultiviez votre caprice sans écouter, sans même entendre la « mélodie » dont vous prétendiez être fou... Je dois avouer que vous étiez désarmant.

Un instant, la vieille demoiselle médita sur les gouffres d'indifférence que la passion peut couvrir.

— ... Quoi qu'il en soit, reprit-elle avec philosophie, le lendemain de notre brève rencontre quai d'Anjou, « la voix » partait pour Avignon. Vous lui aviez donné le nom du propriétaire, le prix, les dimensions : elle n'eut aucun mal à vous enlever l'affaire. Tout s'est conclu au matin du mercredi 3 juillet, tandis que vous vous réveilliez entre d'autres bras — après m'avoir expédiée... Au reste, en abandonnant le métier à la suite de cette mésaventure, vous n'auriez pas dû abandonner la visite des musées : vous auriez retrouvé votre toile au Metropolitan de New York. C'est d'ailleurs ce coup, dont vous disiez vous-même qu'il vous permettrait de vivre jusqu'à la fin de vos jours, qui a permis à « la voix » de racheter vos créances et d'avoir aujourd'hui pignon sur rue, via del Babuino, à votre place. Votre père, qui tenait tant à ce que vous preniez sa succession, ne se serait probablement pas remis de la perte de son magasin. Par chance, il n'a pas été témoin de votre premier dépôt de bilan... les prémices d'une longue série de ruines, si je ne m'abuse ?

Le visage de Giovanni Picci, ce visage d'ordinaire si rond, si plein, s'était allongé et décomposé.

— ... En parlant de férocité ! murmura-t-il.

Il regardait fixement la nappe dont il grattait, sur la broderie, une tache imaginaire. Son indignation allait-elle exploser ? Nul ne l'avait entendu, de toute sa vie, prononcer des paroles amères, jeter des anathèmes, vitupérer les personnes qui l'avaient maltraité et trahi : il pratiquait l'art de la *bella figura* avec dignité. Les faillites auxquelles Émilie faisait allusion lui avaient pourtant causé plus de soucis, plus d'angoisses et de nuits blanches qu'il n'en avait laissé paraître. Giovannino ne se plaignait jamais. Ce parti pris d'optimisme, qui lui faisait extraire le meilleur de chaque rencontre, garder un souvenir ému de chaque femme, de chaque amour, de chaque amitié, le hissait quelquefois au rang des grands stoïques. Quiconque l'avait fréquenté durant sa longue existence devait bien lui reconnaître une constante. Un trait de caractère qui, plus encore que sa gaieté, le résumait tout entier. Ce trait, c'était une forme de courage !

Mais foin d'héroïsme et de fierté : l'abîme que le récit d'Émilie avait ouvert devant ses yeux le laissait K.O.

Il releva la tête et fixa la vieille dame droit dans les yeux.

— Pourquoi une telle hargne ? Pourquoi..., interrogea-t-il, pourquoi cette haine ?

— De la haine ? On n'éprouve pas de haine pour le dindon de la farce, voyons ! Émilie lui sourit. Ne faites pas cette tête-là, mon ami... Tenez, je vous ai rendu un fier service aujourd'hui : je vous ai ôté ce remords qui vous mangeait le cœur ! Si cette cruauté-là était la seule, l'unique, que vous ayez commise, alors... vous n'avez jamais, jamais été cruel avec les femmes ! Dormez tranquille, mon petit Jeannot.

Épilogue
SILENZIO !

« Il vaut mieux employer son temps
à exécuter ses projets, qu'à les raconter. »

Choderlos de Laclos
Les Liaisons dangereuses

Le premier printemps du nouveau millénaire sonna le glas des portraits cruels, du sucre en morceaux et des coupelles de chocolat.

« Que voulez-vous, à force de confesser les autres, la d'Entraygue devait bien finir par parler d'elle-même, nota la vieille et redoutable princesse Damiani en conclusion des *Piccole Virtù Macchiate*, le manuscrit qu'elle comptait publier sur le salon de la piazza Navona et la prêtresse de la causerie romaine. Son débordement d'amertume envers le pauvre Giovannino, cette aigreur dans un règlement de comptes personnel, fit choir la Farnesina de son piédestal. Le masque était tombé. Elle alla rejoindre, dans l'imaginaire de ses auditrices, la troupe des vieilles filles vindicatives, des vierges haineusement, vicieusement chastes, de toutes ces héroïnes dont son salon faisait ses choux gras. On meurt de ne savoir protéger ses secrets. Notre amie l'avait-elle oublié ? Il faut se taire. Telle est la seule morale des histoires qui se racontaient sur sa terrasse : se taire à n'importe quel prix.

« De toutes les vertus, la plus précieuse reste le silence. »

Le salon des petites vertus

La princesse Damiani fut donc la première à renier les plaisirs de la conversation. Les autres, craignant que la d'Entraygue ne les invite à prendre la parole dans le but de les ridiculiser, comme elle l'avait fait pour la Desnos ou Giovanni Picci, lui emboîtèrent le pas. Mais si cette désertion pouvait, en partie, s'expliquer par le ton du dernier récit d'Émilie, le véritable responsable n'était autre que l'irréversible passage du temps : le fameux saut de la Ville éternelle dans l'an 2000.

Rome devait s'inscrire dans l'univers contemporain ! Même les dames d'un certain monde avaient fini par se laisser gagner par cette idée de modernité.

Elles avaient donc acquis un ordinateur.

Les unes y recopiaient leurs carnets d'adresses. Les autres y faisaient leurs comptes. Même les bavardes impénitentes, qui tenaient encore à se raconter des histoires, vivaient enchaînées à leurs machines. Désormais, point n'était besoin pour elles de se déplacer piazza Navona ni d'attendre le mercredi pour converser chez la d'Entraygue : on la trouvait chez elle à toute heure du jour et de la nuit. Virtuellement attablée sous son parasol ou trônant au fond de son divan, la Farnesina recevait ses hôtes sur son site *salotto*. Le code d'accès, la vieille causeuse l'avait choisi avec circonspection : *Silenzio*. À l'adresse habituelle : www.emilie.com.

Au grand air, Émilie menait joyeuse vie. De *cybercafe* en *internet-bar*, elle sillonnait la ville dans le

Épilogue

bruit de ferraille de sa vieille bicyclette, s'arrêtant ici et là aux postes électroniques de ses quartiers généraux pour prendre ses messages.

Nez au vent, la vieille dame bringuebalait sur les pavés disjoints, zigzaguait entre les couples de bourgeois qui se donnaient le bras via del Corso, se faufilait entre les militaires, bottes de cuir et sabre au côté, qui dévisageaient les filles juchées sur de hautes semelles compensées. Comme chaque jour à l'heure de la *passeggiatta*, la foule déambulait à pas lents au milieu de la chaussée.

À l'angle des ruelles, les badauds s'agglutinaient devant les pancartes suspendues au cou des statues : les fameuses « statues parlantes » de Rome. En entendant le public déchiffrer les écriteaux placardés sur ces mannequins de pierre, commenter avec passion les récits du *Babuino* qui se plaignait des malheurs du temps, du *Pasquino* qui dénonçait la politique contemporaine, l'égérie de la piazza Navona souriait d'aise. Mais elle ne ralentissait pas. Son garde-boue hurlait à chaque tour de roue, sa chaîne grinçait à chaque coup de pédale, et les promeneurs s'écartaient avec placidité.

Elle s'enfonçait plus avant, contournant les fontaines, les obélisques et les fûts des colonnes, vers les places de marché désertes. Ici, les arbustes poussaient dans les interstices des pierres, sur les frontons des chapelles et les toits des palais. Mais quand la nuit tombait, d'invisibles mains féminines allumaient les *fiaccole* sur la margelle des fenêtres. Vacillant dans leurs soucoupes d'huile, les petites flammes projetaient les ombres des maraîchers qui

Le salon des petites vertus

s'éloignaient en tirant leurs charrettes ; la silhouette d'une paysanne, son gigantesque panier d'herbes posé sur sa coiffe.

Émilie attachait sa bicyclette et s'avançait à pied, parmi les temples en ruine et les façades des églises rénovées. Elle écoutait le murmure des voix anciennes... Les frottements du rabot, les petits coups du marteau qui montaient des porches, qui s'échappaient des *cortili*... Le chant des ébénistes et des doreurs dans leurs échoppes, des stuqueurs et des brodeurs dans leurs ateliers, de tous les petits métiers de Rome qui répétaient les mêmes gestes depuis la nuit des temps.

L'éternité lui contait son histoire.

La chaste demoiselle éprouvait alors une délicieuse impression physique. Un bien-être, une jouissance, une ivresse qu'elle devait bien qualifier de « plaisir des sens ». Cette volupté qui remontait du fond des âges, qui se répétait identique et violente, elle la devait aux grandes passions de son existence : au pin parasol qui se détachait, noir, sur le ciel. Au rire des mouettes dans les méandres du Tibre. À ce rayon de lumière ocre qui éclaboussait les murailles. Le souffle coupé par l'intensité de sa joie, la vieille dame se grisait à longs traits de ce philtre d'amour qui lui descendait jusqu'au cœur : *l'aria di Roma*.

Rome, février 2000

Table

Prologue : Terrasses et placards

Il était une fois dans la ville 15

Ah, perfida !

Isaure ou la vertu intérieure............................. 29
Angelica ou la vertu quand même..................... 83
Carlotta ou la vertu maîtrisée........................... 121
Lina ou la vertu sacrifiée 157
Anonima ou la vertu humiliée.......................... 201

Épilogue : Silenzio !

Que voulez-vous 247

*Achevé d'imprimer en avril 2000
sur presse Cameron
par **Bussière Camedan Imprimeries**
à Saint-Amand-Montrond (Cher)
pour le compte des éditions Robert Laffont
24, avenue Marceau, 75008 Paris*

N° d'édition : 40776. N° d'impression : 001922/4.
Dépôt légal : mai 2000.
Imprimé en France